Radel

Das Arbeitsbuch zur Graphologie

Hartmut Radel

Das Arbeitsbuch zur Graphologie

KAILASH

KAILASH
Eine Buchreihe herausgegeben von Hajo Banzhaf

Die Deutsche Bibliothek — CIP-Einheitsaufnahme
Radel, Hartmut:
Das Arbeitsbuch zur Graphologie / Hartmut Radel. – München :
Hugendubel, 1998
(Kailash)
ISBN 3-88034-977-0

Umschlaggestaltung: Zembsch' Werkstatt, München
Produktion: Tillmann Roeder, München
Satz und Repro: SatzTeam Berger, Ellenberg
Druck und Bindung: Huber, Dießen
Printed in Germany

ISBN 3-88034-977-0

Inhalt

Vorwort

Die Graphologie lehrt uns, über die Handschrift eines anderen Menschen dessen Persönlichkeitsstruktur zu erkennen. Durch das Studium der eigenen Schrift ermöglicht sie aber auch, die eigene Persönlichkeit besser kennenzulernen, zur Selbstkenntnis zu finden und so vorhandene Potentiale bewußt zu machen.

Deshalb sind die Erklärungen der Schriftmerkmale erweitert durch therapeutische Ansätze, die als Aufgabenstellung Hinweise geben, wie Problemfelder psychologisch zu lösen sind.

Neu entwickelt wurde dafür auch das Graphologische Kreuz, ein Erklärungsmodell, das die wesentlichen Inhalte der graphologischen Deutungslehre auf einen Blick erfaßt.

In diesem Buch werden praktische Anleitungen für die Eigen- und Fremdbegutachtung von Handschriften gegeben. Dabei geht es um eine klare Vermittlung der Deutungsregeln, Übersichtlichkeit in den Sachverhalten und um konkret umsetzbare Erklärungen. Ob dies überhaupt Sinn macht und ob es überzeugend aus der Handschrift abzuleiten ist, wird in diesem Buch dargelegt.

Um Nachsicht bitte ich alle Leserinnen für die männliche Schreibform (der Schreibende, der Schrifteigner). Sie wurde gewählt, um die Erklärungen so unkompliziert wie möglich zu halten. Gemeint ist jedoch – wenn nicht differenziert dargestellt – der schreibende Mensch – männlich oder weiblich.

Wer sich mit Handschriften und damit in der Schriftpsychologie auskennt, hat einen besseren Zugang zu anderen Menschen und auch zu sich selbst. Die graphologischen Informationen in diesem Buch dienen einem besseren Verständnis im beruflichen und privaten Zusammenleben.

Baden-Baden, im Juni 1997 *Hartmut Radel*

Die Geschichte der Schriftpsychologie

Der Begriff *Graphologie* leitet sich aus dem Griechischen ab. »Graphein« heißt »schreiben«. Demnach ist die Graphologie die »Lehre vom Schreiben«, was nicht mehr dem heutigen Sprachgebrauch und der Definition entspricht – vielmehr ist sie die *Lehre von der Schriftdeutung*. Die Graphologie will nicht vermitteln, wie man schreibt, sondern die Ausdrucksform des Schreibenden – bezogen auf die Merkmale seiner Persönlichkeit – herausarbeiten und analysieren.

Wenn etwas schon lange existiert, muß es deshalb noch nicht überzeugend oder gar richtig sein. Andererseits bleibt oft das bestehen, was sich bewährt hat. In diesem Sinn hat die Graphologie einen Bonus, denn es gibt sie nachweislich schon seit dem 17. Jahrhundert. Dieser historische Bezug führt uns wieder zurück zur Lehre vom Schreiben.
Wie sich der Mensch über die Jahrtausende entwickelt hat, läßt sich anhand von Knochenfunden präzise nachvollziehen.

Schon sehr früh begann der Mensch, die Welt zu formen, sich auf ihr zu bewegen, Erkenntnisse zu sammeln und gestaltend umzusetzen. Die grundlegende Großtat des menschlichen Verstandes war es, das *Rad* zu erfinden. Sie hat uns den Fortschritt zu einer technisierten Welt gebracht und die daraus entstandenen Bauwerke, Fahrzeuge und Maschinen. Als kommunizierendes Wesen braucht der Mensch »Archive des Wissens«, in denen er seine Ideen und Gedanken festhalten kann. Dafür hat er sich die *Schrift* geschaffen. Sie ist die zweite wichtige Säule in der Kulturgeschichte der Menschen.

Bevor die *Phönizier* im 4. Jahrtausend v. Chr. das *Alphabet* erfanden und damit die entscheidenden Grundlagen für eine weltweit sich ausbreitende Schrift schufen, hatten die unterschiedlichen Kulturen in den verschiedenen Erdteilen ihre eigenen Zeichen entwickelt, mit denen sie Gedanken »konservieren« und damit über die mündliche Überlieferung hinaus bewahren konnten. Wir kennen vor allem die Bilderschrift aus Ägypten und dem vorderasiatischen Raum. Es gibt allerdings in Zentralasien, im Pazifikraum und in Südamerika Schriftzeugnisse früher Kulturen, die wir bis heute noch nicht vollständig »lesen« können.

Die Bilderschrift zeigt den Gegenstand, der gemeint ist. Man malt einen Vogel und meint ihn. Das Besondere und damals Revolutionäre bei den Phöniziern, die die Welt mit einem gigantischen Handelsnetz überzogen, ist, daß sie die Bilderschrift durch eine *Lautschrift* ersetzten. Bestimmte Zeichen gaben an, welcher Ton gemeint war, beispielsweise für a, o, u, i oder e. So wurden nicht mehr die Idee und der gesamte Begriff aufgezeichnet, vielmehr hielt man die

Aussprache eines Begriffs fest, indem man Laut um Laut, Buchstabe um Buchstabe in Stein, Tontafeln und Holz einritzte oder auf Blätter und später auf *Papyrus* niederschrieb.

Die Buchstaben waren ohne Zusammenhang nebeneinandergestellt und auch immer gleich groß. Gute Beispiele hierfür sind römische Meilensteine oder griechische Inschriften auf Tempelfriesen.
Diese Art der Aufzeichnung war »entpersönlicht«, denn die Buchstaben wurden mit Hammer und Meißel oder anderen Werkzeugen geformt. Die »Schreiber« waren fingerfertige Handwerker.

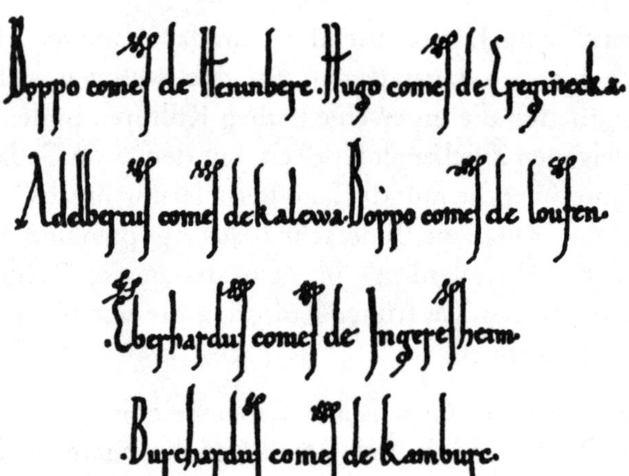

Die »Schreibgeräte« (Hammer, Meißel, Stichel) und auch die Unterlagen (Stein, Holz, Häute, Papyrus) waren nicht dazu geeignet, die Buchstaben

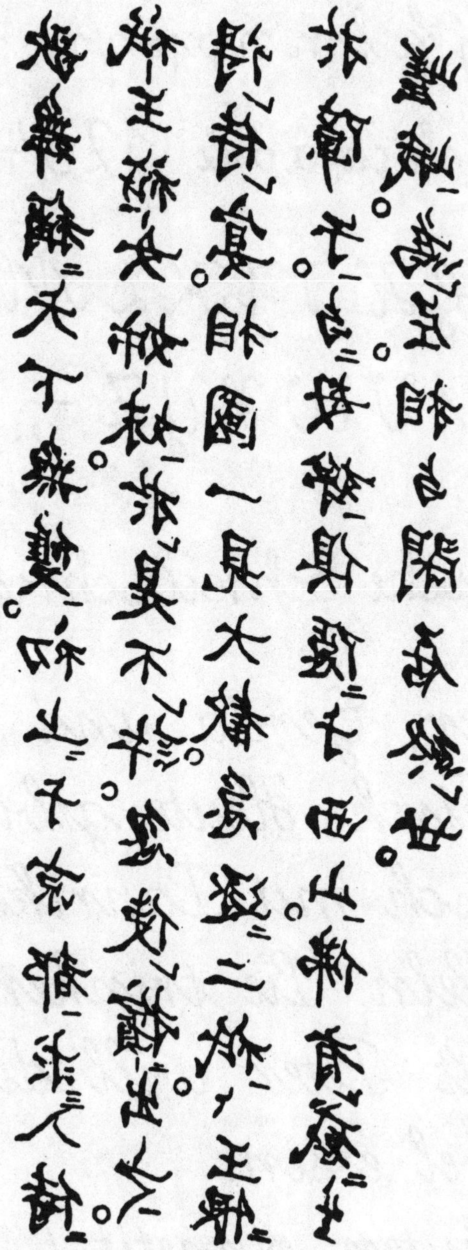

fließend ineinander übergehend zu schreiben. Jeder Buchstabe mußte einzeln geformt werden. Dabei war es nicht möglich, Anteile der Persönlichkeit wie beispielsweise Emotionen oder Vitalität sichtbar zu machen. In der Graphologie hat diese Blockschrift keinen Aussagewert. Dies gilt übrigens auch für alle aktuellen Schriften, deren Buchstaben einzeln geformt und ohne Verbindung zueinander geschrieben werden. Andererseits ist es aber möglich, daß sich eine spezialisierte Schriftdeutung beispielsweise auch für die chinesische, arabische oder kyrillische Schrift herausarbeiten läßt, die auch schriftpsychologisch aussagefähig ist.

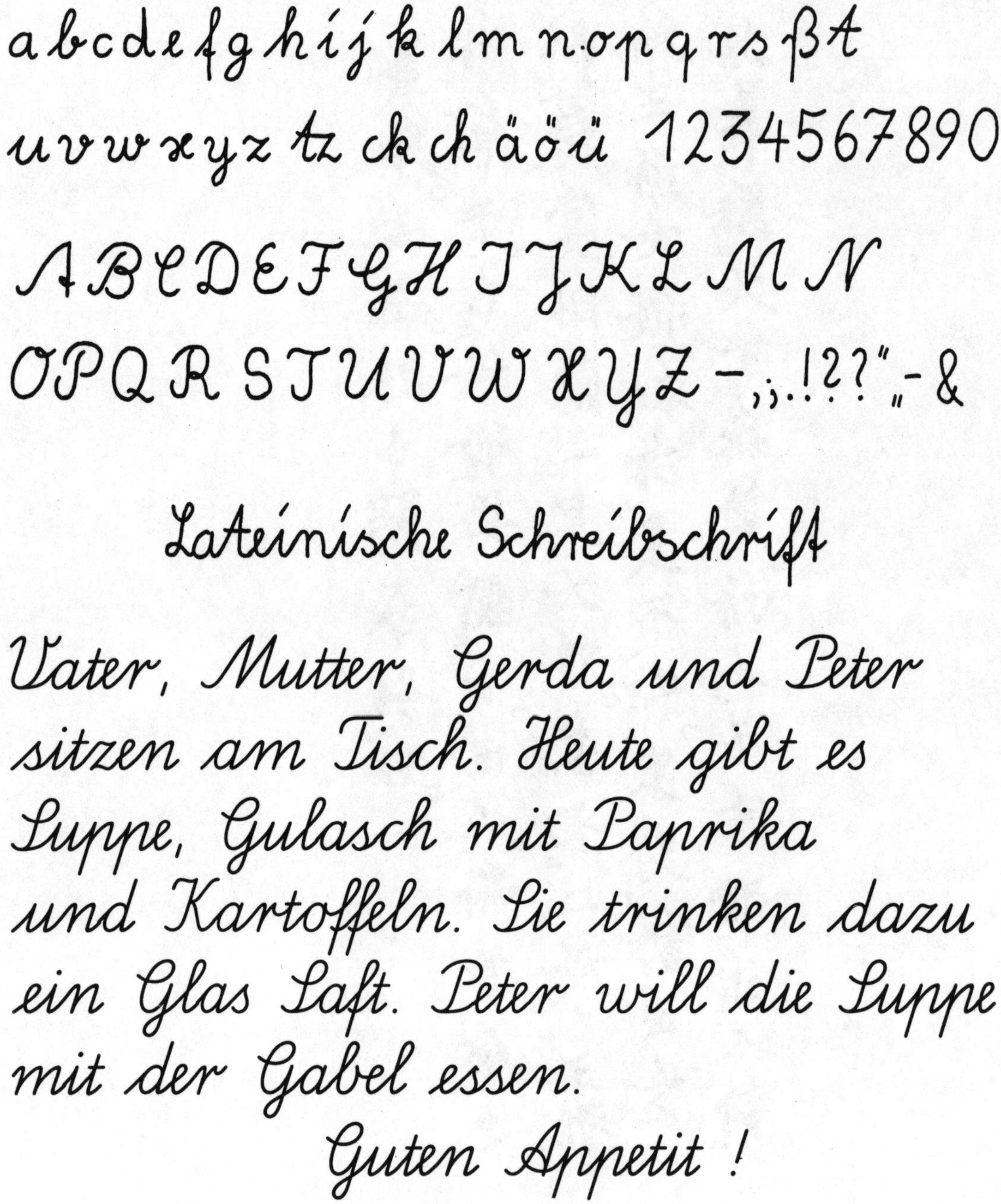

Dieses Buch widmet sich ausschließlich den Schriftarten in der westlichen Welt, die alle die lateinischen Buchstaben zur Grundlage haben und als *Lateinschrift* definiert sind. Dazu gehört vor allem, daß diese Buchstaben beim Schreiben miteinander verbunden und dadurch in einem Schreibfluß aneinandergereiht werden.

Diese *Kurrentschrift* (lat. currere = laufen) ist nur möglich auf glatten Unterlagen (Papier) und mit Schreibgeräten, die ein widerstandsfreies Schreiben gewährleisten. Dementsprechend ist auch wichtig, wie fließfähig der Schreibstoff (Tinte, Kuli-Substanz, Graphit etc.) ist.

Die Kurrentschrift, bei der alle Buchstaben verbunden sind, ist die Grundlage für eine schriftpsychologische Begutachtung. Durch den ungebremsten Schreibfluß integrieren sich Merkmale der Persönlichkeit in das Schriftbild, wie wir sie beispielsweise auch in der Sprache oder im Gang finden können.

Die Schriftpsychologie von heute hat sich in ihrer Methodik auf die Kurrentschrift mit lateinischen Buchstaben spezialisiert. Diese Schreibart hat sich im westeuropäischen Raum seit der Einführung der Normalschrift 1941 durchgesetzt und die Sütterlinschrift abgelöst.

So haben die Ausführungen des Italieners Camillo Baldi in seiner Schrift »Die Art und Weise, den Charakter und die Eigenschaften des Schreibers aus einem Brief zu erkennen« (1662) nur dokumentarischen Wert, indem sie Zeugnis geben von dem Jahrhunderte überdauernden Interesse des Menschen, aus der Schrift typische Persönlichkeitsmerkmale abzuleiten.

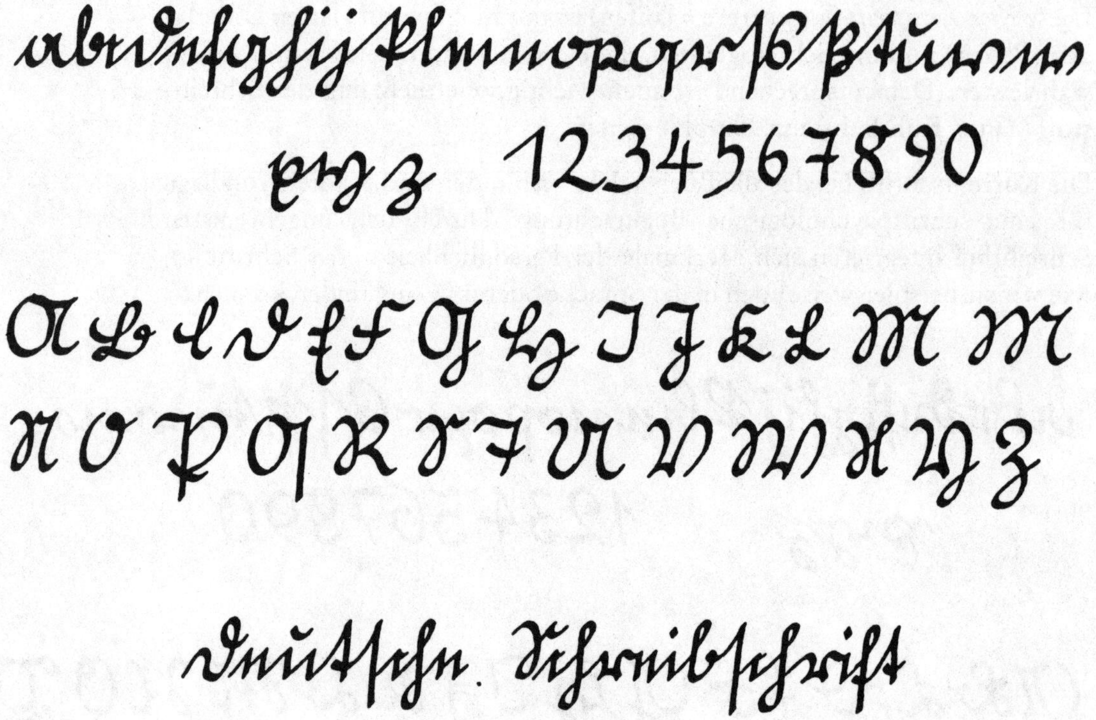

Johann Wolfgang von Goethe hat sich nachweisbar ebenfalls mit der Deutung von Handschriften befaßt. Er wurde dazu von Johann Kaspar Lavater, Pfarrer in Zürich, Ende des 18. Jahrhunderts inspiriert. Die Franzosen haben erste Grundlagen für die heutige Schriftpsychologie gelegt. Der Altmeister der Graphologie, Jean-Hippolyte Michon, hat die Bücher »Système de Graphologie« (1875) und »Méthode Pratique de Graphologie« (1886) veröffentlicht. Ihm folgte J. Crépieux-Jamin mit »L'écriture et le caractère« (1888). Diese beiden Lehrmeister haben die sogenannte Französische Schule in der Graphologie begründet. Diese Lehrrichtung unterscheidet sich von der Deutschen Schule vor allem darin, daß sie noch entschiedener die Einzelmerkmale beachtet, während Ludwig Klages in seinem Hauptwerk »Handschrift und Charakter« (1917) mehr Wert auf die großen Zusammenhänge (Formniveau) und die rhythmischen Schwingungen legt. Er gilt als der Begründer der Deutschen Schule. Eine Kombination aus beiden Richtungen ist die Schweizer Schule, die Max Pulver 1931 mit seinem Hauptwerk »Symbolik der Handschrift« definiert, mit dem er bis heute gültige Maßstäbe für die graphologische Deutungslehre geschaffen hat.

Seit 1960 sind viele Bücher über und zur Graphologie geschrieben worden. Und es wird immer noch weiter geforscht. Es gibt Kongresse und Studienlehrgänge und in vielen Ländern Verbände, die sich diesem Thema widmen. Und vor allem wird die Graphologie immer mehr von Firmen bei Bewerbungen hinzugezogen, um die Persönlichkeitsstruktur aus dem Schriftbild zu begutachten. Polizei und Gerichte lassen des öfteren *graphologische Gutachten*

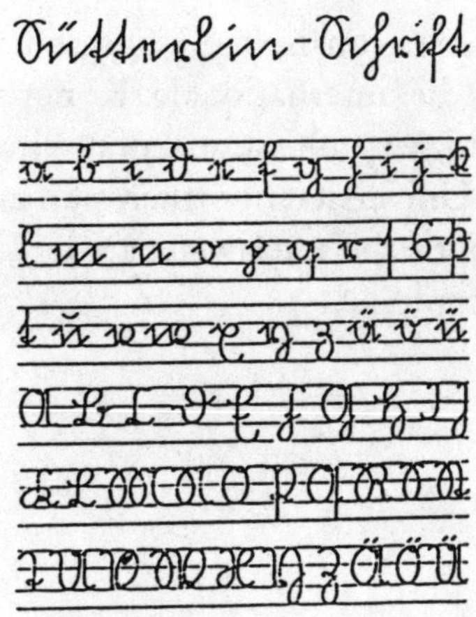

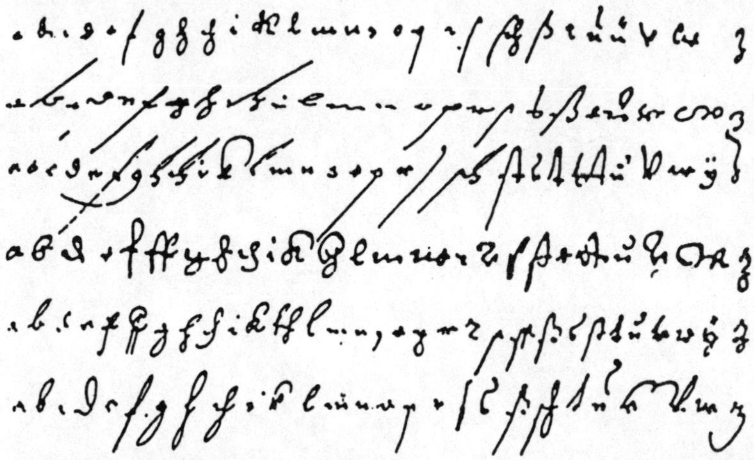

Schriften des 17. Jahrhunderts

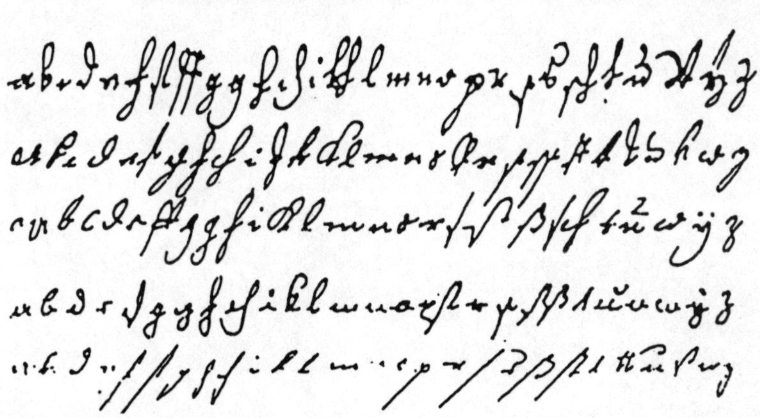

Schriften des 18. Jahrhunderts

erstellen, beispielsweise bei Versicherungsbetrug. Allerdings unterscheidet sich das graphologische Gutachten von der *Schriftexpertise*, die nicht den emotionalen Ausdruck der Schrift untersucht, sondern allein die formale Gestaltung, um eventuelle Fälschungen aufzudecken.

In den europäischen Ländern haben sich Verbände und Vereinigungen gebildet, die internationale Kongresse durchführen, um Erfahrung und Forschungsergebnisse auszutauschen.
Die Universitäten öffnen sich zunehmend mehr dem Lehrfach Graphologie; so gibt es beispielsweise an der Universität Zürich ein Studienfach für Schriftpsychologie.

Wert, Nutzen und Grenzen der Graphologie

Die Schriftpsychologie ist in der Lage, aus der graphischen Formgestaltung und der in die Handschrift einfließenden individuellen Bewegung (Geschwindigkeit) Rückschlüsse auf den emotionalen Zustand des Schreibenden und auf dessen Persönlichkeitsstruktur zu ziehen. Die Graphologie integriert sich als Methode zur *Persönlichkeitsdiagnostik* in die Diagnostische Psychologie. Dort gehört sie mit der Formauslegung in die Raumsymbolik und mit der Bewegungsinterpretation in die Ausdruckswissenschaft. Die graphologische Untersuchung kann jedoch auch energetische Kriterien (Vitalität, Ausdauer) herausarbeiten und damit leistungspsychologische Erkenntnisse vermitteln.

Berücksichtigt werden bei der Graphologie Einzelmerkmale und das Gesamtbild der Schrift. Beides ist nicht voneinander zu trennen. Und nur durch die exakte Analyse sowohl der Einzelheiten als auch des Gesamteindrucks und deren Synthese kann das Persönlichkeitsbild des Schreibenden dargelegt werden.

Die graphologische Begutachtung bietet zu ganz bestimmten Merkmalen der Persönlichkeit konkrete Ansätze, die nachfolgend benannt werden. Zuvor soll jedoch darauf hingewiesen werden, daß es sich bei einem graphologischen Gutachten um ein Blindverfahren handelt. Deshalb ist zu empfehlen, die Begutachtung durch andere Erkenntnisquellen zu kontrollieren und zu ergänzen. Der Graphologe hat dazu in der Praxis selten Gelegenheit, aber der Empfänger des Gutachtens weiß in der Regel, mit wem er es zu tun hat. Der persönliche Eindruck und der Lebenslauf des Klienten sind wichtige Kriterien für eine Gesamtbeurteilung, die mit dem Gutachten bewußt verglichen werden sollten. Diskrepanzen sind nicht zwangsläufig falsche Interpretationen des Gutachters, sondern zeigen möglicherweise Überbetonungen oder Blockaden im Persönlichkeitsbild auf.

Schriftpsychologische Begutachtungen werden hauptsächlich im Personalwesen eingebracht. Seltener wird die Graphologie zu privaten Zwecken herangezogen. Sicher eignet sie sich auch dazu, beispielsweise die Merkmale einer partnerschaftlichen Beziehung und auch ein eventuell vorhandenes Konfliktpotential zu definieren beziehungsweise Lösungswege aufzuzeigen. Es gibt jedoch noch andere Erkenntnismethoden, wie beispielsweise die astrologisch-psychologische Partnerschaftsanalyse, die mehr Aussagetiefe erreichen können.

Die Schriftpsychologie vermag den Ist-Zustand des Schreibenden zu erkennen. Es werden die geistigen und emotionalen Energien des Augenblicks darstellbar, die der Schrifteigner während des Schreibens in sich trägt.

Damit sind die Verwendungsmöglichkeiten festgelegt: Überall dort, wo geistige Fähigkeiten und das Energiepotential wichtig sind – also insbesondere für berufliche Tätigkeiten –, werden Schriftgutachten herangezogen.

Schwierig und auch problematisch ist es, Kinderhandschriften zu analysieren. So können zwar Begabungen herausgelesen werden, und das Gutachten kann hilfreich dabei sein, den schulischen Werdegang entsprechend dem Talent zu steuern. Doch ebensowenig wie das Kind als Persönlichkeit herangereift ist, hat sich auch die Handschrift noch nicht genug ausgeprägt, um ein verläßliches Charakterbild zu beschreiben.

Der emotionale Zustand eines Schrifteigners könnte wichtig werden, wenn in einem Versicherungsfall geklärt werden muß, ob der Abschiedsbrief eines Vermißten auf eindeutige Suizid-Absichten oder nur auf einen cleveren Betrugsversuch schließen läßt. Zur Klärung kann hier der Graphologe herangezogen werden.

Eine völlig andere Sache ist es, wenn zu klären ist, ob eine Handschrift echt oder gefälscht ist. Der Bereich der Schrifturheberschaft gehört nur peripher zur Graphologie. Vor Gericht zählt nicht die psychologische Ausdeutung, sondern der manuell-mechanistische Vergleich zweier Schriften. Darauf haben sich Schriftexperten spezialisiert.

Es ist jedoch Sache des Graphologen, in der Begutachtung Struktur und Verhalten eines Schreibers zu definieren, wenn es um die nachfolgenden Merkmale seiner Persönlichkeit geht:

– *Begabung und Fähigkeiten*
– *Energie und Vitalität*
– *Soziales Verhalten*
– *Seelische Disposition*
– *Stärken und Blockaden*
– *Belastbarkeit und Widerstandsverhalten*

Aus diesen Merkmalen läßt sich viel zu Temperament, Antriebskräften oder Durchsetzungsvermögen des Schreibers sagen. Feinfühligkeit, Mitmenschlichkeit sind ebenso nachzuvollziehen wie Intelligenz, Fleiß und Zuverlässigkeit.

Woher aber holt man sich eine deutbare Schriftvorlage? Immerhin könnte es jemand darauf anlegen, seine Schrift zu verstellen und besonders »schön« zu schreiben. Ist eine solche Vorlage noch verläßlich aussagefähig? Sie ist es. Bei einem erwachsenen Menschen fließen viele verschiedene Merkmale seiner Persönlichkeit in die Schrift ein. Trotz aller Bemühungen, eine schulmäßige Schrift zu schreiben, übernimmt er unbewußt persönlichkeitsspezifische Kriterien in seinen Schreibfluß. Dies genügt dem Graphologen, um die wesentlichen Merkmale herauszuarbeiten.

In der Regel wird bei Bewerbungen ein handgeschriebener Lebenslauf verlangt. Der Bewerber kann dann davon ausgehen, daß seine Schrift begutachtet wird. Wenn keine Handschrift vorliegt, empfiehlt es sich, denjenigen, dessen Schrift begutachtet werden soll, spontan aus einem Buch oder einer Zeitung etwas abschreiben zu lassen und nicht ein älteres Schriftstück zu benutzen, weil dieses ganz andere emotionale Zustände oder auch ein früheres Entwicklungsniveau beinhaltet.

Die Graphologie hat Aussagegrenzen. Alle Fragen, die in die Zukunft weisen und ausstehende Ereignisse anpeilen, sind nicht zu beantworten. Ob jemand gesund bleibt, eine stabile Partnerschaft oder weiterhin beruflichen Erfolg haben wird, ist aus der Schrift nicht herauszulesen. Tendenzen oder Chancen, Wissensfülle oder Erfahrung, Lebensumstände oder wer wem sympathisch ist sind ebensowenig ablesbar.

Andererseits braucht der Graphologe einige Daten, um eine gründliche Auswertung vorzunehmen. Dazu gehören *Geschlecht, Alter* und *Beruf*. Die graphologische Methodik beachtet Elemente in der Schrift, die unterschiedlich gedeutet werden, wenn es sich um die Schrift einer Schreiberin oder die eines Schreibers handelt. Alter und Schriftniveau stehen ebenso in einem engen Verhältnis. Selbst ein ungeübter Betrachter wird irritiert sein, wenn ein Fünfzigjähriger schreibt wie ein Kind, das sich gerade in Schönschrift übt.

Der Beruf wiederum ist wichtig, weil er zeigt, wie schreibgewohnt der Schreibende ist. Je schreibungewohnter, desto zurückhaltender und behutsamer hat der Begutachter die Handschrift zu analysieren. Wünschenswert ist auch, daß die *Nationalität* des Schreibers bekannt ist. Es macht einen großen Unterschied im Schreibfluß, ob jemand immer nur in seiner von Kind an gelernten Schrift schreibt oder ob jemand, aus einem anderen Kulturkreis kommend, eine neue Schrift erlernt. Die Araber schreiben von links nach rechts, die Europäer von rechts nach links. Chinesen schreiben von oben nach unten – ganz abgesehen von der Ausformung der Buchstaben oder Silben. Wenn ein Japaner die lateinische Schrift, die bei uns heute geschrieben wird, übernimmt, wird sein Schriftbild entsprechend weniger flüssig sein als das eines in dieser Schriftart geübten Schreibers. Deshalb ist die Nationalität bei der Begutachtung besonders zu berücksichtigen.

Und noch ein Punkt ist wichtig: Wird mit der *linken* oder der *rechten* Hand geschrieben? Der Linkshänder schiebt das Schreibgerät, während der Rechtshänder es zieht. Die Schrift und damit der Schriftduktus sind beim Linkshänder demnach geschoben und gestoßen. Die Schrift des Rechtshänders ist gezogen. Hier wirken unterschiedliche Energien auf den Schreibfluß ein. Das Ausdrucksbild und auch die Schräge der Schrift unterscheiden sich daher erheblich.

All diese Kriterien müssen bekannt sein, bevor ein Schriftgutachten erstellt wird. Nur dann ist eine ausgewogene Begutachtung möglich. Für den Graphologen ist es ein Gebot der Fairneß und des Respekts vor der zu begutachtenden Persönlichkeit, zuerst die Voraussetzungen zu klären, unter denen eine Handschriftenprobe angefertigt wird.

Graphologie und Körpersprache

Alle sichtbaren Ausdrucksformen des Menschen haben miteinander zu tun. Alles ist mit allem verbunden – nicht nur im Kosmos und auf der Erde, sondern auch in uns. Der Mensch lebt gleichzeitig auf drei Ebenen: Auf der geistigen ist der Verstand zu Hause, auf der seelischen empfindet und fühlt der Mensch, und auf der stofflichen erlebt er seinen Körper. Bestimmte Zustände auf einer Ebene des Seins bedingen Manifestationen auf einer oder auf den beiden anderen Ebenen.

Ein innerlich sturer oder rechthaberischer Mensch wird beispielsweise mit durchgedrückten Knien stehen. Wenn jemand ganz aus seinen Empfindungen lebt, wird er häufig das gesamte Körpergewicht auf das linke Standbein legen. Umgekehrt steht ein rational betonter Mensch mehr rechts belastet. Selbstbewußte Menschen mit starker Durchsetzungskraft stehen häufig breitbeinig und verschränken gleichzeitig die Arme. Mit den Ellenbogen halten sie andere auf Distanz. Der Standpunkt ist fest und unverrückbar. Die verschränkten Arme zeigen an, daß diese Menschen keinem äußeren Einfluß unterliegen, sondern eine feste Meinung in sich gebildet haben.

Können Sie sich vorstellen, daß eine solche Persönlichkeit klein und druckschwach schreibt? Das Gegenteil wird der Fall sein: Sie schreibt eher überdimensional groß – vor allem die Großbuchstaben werden hervorgehoben sein. Die Abstriche sind kräftig und unterstreichen das Kraftvolle im Charakterbild.

Aus der seelischen Disposition ergibt sich ein entsprechender Einsatz von Muskeln, und daraus resultiert ein bestimmter Bewegungsablauf. Unter Stress, in Hektik oder Aufregung wird kein Mensch langsam sprechen oder gehen – und auch nicht schreiben. Zuvor wurde bereits beschrieben, daß die Handschrift den emotionalen Zustand des Schreibers wiedergibt. Ein heiter gestimmter Mensch wird viel lachen. Auf der Körperebene dehnt er die Muskeln und erzeugt ein anderes Aussehen als jemand, der mißmutig die Muskeln in seinem Gesicht zusammenzieht. Hier denkt sich niemand etwas, weil uns dies so häufig begegnet. Wie selbstverständlich setzen wir voraus, daß die seelischen Zustände sich auf der Körperebene manifestieren. Warum dann nicht auch beim Schreiben? Emotionale Zustände werden in Bewegung und Druck umgesetzt. Wie Mimik oder Gestik ist die Handschrift ein gegenwärtiger Ausdruck der Befindlichkeit eines Menschen. Ob ein Mensch lustlos ist oder ob er sich hochmotiviert und begeistert fühlt, das wird sofort daran sichtbar, wie er etwas tut. Ein Kranker schreibt anders als ein Gesunder. Morgens schreibt der Mensch anders als spät in der Nacht. Der Energiehaushalt in jedem Menschen bestimmt, wie kraftvoll und bewegt er sein kann. In geschwächtem Zustand wird alles verlangsamt und sparsamer ausgedrückt.

Es ist die Seele, die geht, sich bewegt oder spricht. Wer Ohren hat zu hören, weiß am Telefon sofort, in welcher Stimmung sich der Gesprächspartner befindet. Zu 38 Prozent entscheiden wir nach dem Klang der Stimme, zu 55 Prozent nach der Körpersprache. So wird auch die Handschrift als Teil unserer Körpersprache zum Ausdrucksfeld der Persönlichkeit. Welche inneren Rhythmen und welche Zustände fließen in die Bewegung der Hand ein, die die Buchstaben ausformt? Geschieht dies ruckartig oder ausgewogen, flüchtig oder umsichtig?

Die nachfolgenden Beispiele veranschaulichen körpersprachliche Verhaltensweisen und deren schrifttypologische Analogien:

1. *Kopf voraus mit schnellem Schritt!*

Zielstrebig mit Ehrgeiz und Übertempo will der Betreffende seine Absichten schnell und auf kürzestem Weg verwirklichen.

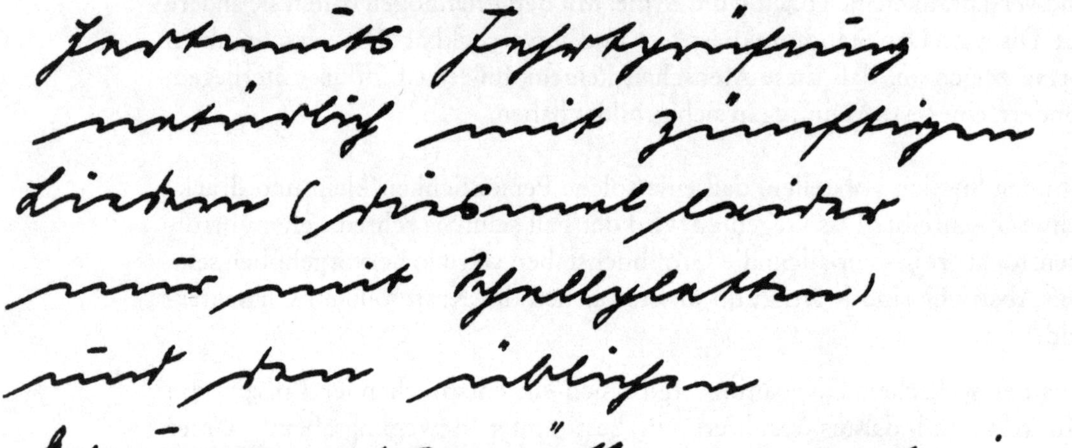

Diese Schrift ist stark nach rechts ausgelegt. Die Schräge ist auffallend. Der Schreiber bewegt die Hand schnell von sich weg und hin auf ein imaginäres Ziel, das er erreichen möchte.

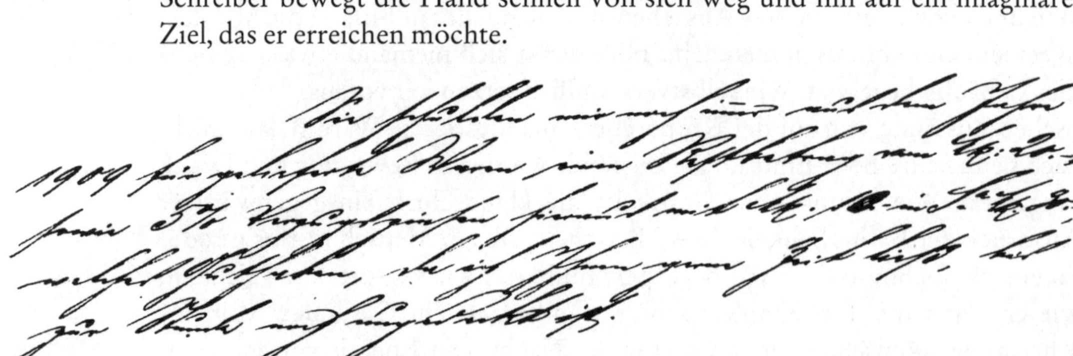

2. *Selbstbewußtes, lautes Auftreten*

Der überdimensionierte Großbuchstabe am Beginn eines Wortes zeigt analog zum Auftreten eines Menschen sein Bemühen um einen guten ersten Eindruck und um ein wirkungsvolles Erscheinungsbild.

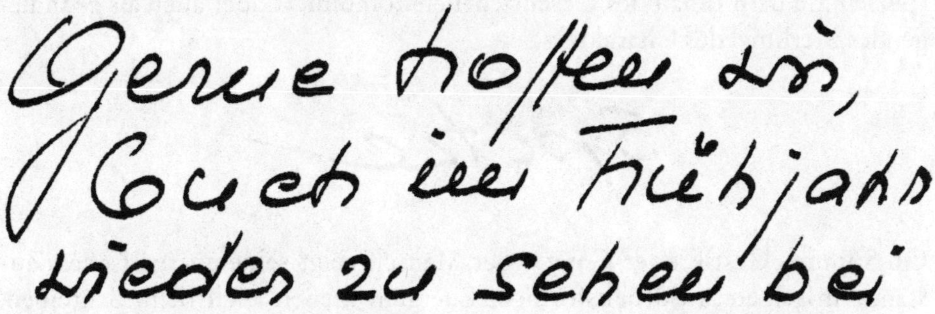

3. *Wohlwollendes, alles umarmendes Willkommen*

Dies ist der stets freundliche und kommunikationsbereite Mensch, der friedfertig, tolerant und großzügig ist.

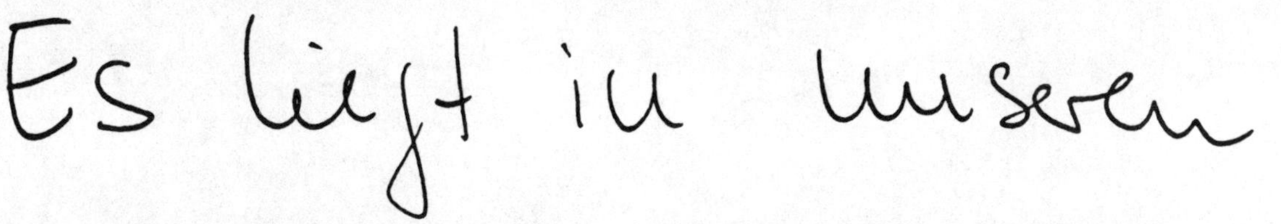

Ausladende und alles auffangende Girlanden – weiche und harmonische Linienführung.

4. *Introvertiertes, vorsichtiges Verhalten*

Dieser Mensch ist reserviert und ängstlich. Er traut sich nichts zu. Alles Spontane ist ihm verdächtig. Er handelt verzögernd und absichernd.

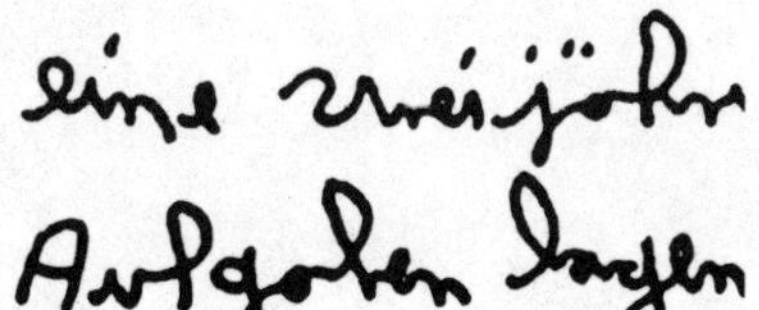

Die natürliche Schreibrichtung ist eigentlich nach rechts ausgerichtet, aber bei diesem Beispiel orientiert sich der Schreiber (männlich) nach links und damit zu sich selbst hin. Er verharrt. Das Geschlecht des Schreibenden ist bei der Schreibrichtung besonders wichtig, da die nach links orientierte Schrift der Frau häufig anders zu interpretieren ist (siehe Abschnitt Linksschräg, S. 56).

5. *Offensiver Typus*

Spitz zulaufende Endzüge oder Oberzeichen sind auf den gerichtet, für den die schriftliche Information gedacht ist, also auf das Du. Daraus folgert die Schriftpsychologie offensives und auch aggressiv-verletzendes Verhalten – speziell mit dem Inhalt des Geschriebenen kombiniert oder auch als grundlegendes Merkmal des Charakters.

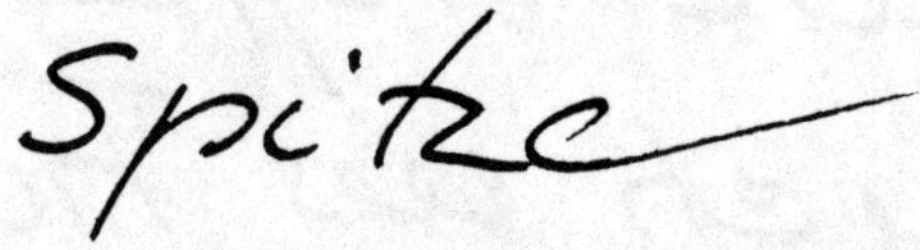

Ob Stimme, Gestik oder Gang – der Mensch zeigt seine energetischen Zustände in seinen Ausdrucksformen. Energien fließen auch beim Schreiben. Entsprechend der Art und Weise, wie der Schreibende die Hand bewegt und führt, zeigt sich die Schrift. Ob Körpersprache oder Handschrift, beide zeichnen die Persönlichkeit und ihren aktuellen inneren Zustand. Dies hat der Hirnforscher Rudolf Pophal nachgewiesen, der die Schreibbewegungen dem gleichen Gehirnteil zuordnet wie alle anderen Bewegungsformen.

Deutungsgrundlagen der Handschrift

Deuten meint eigentlich analysieren. Die Schriftpsychologie hat mit intuitiver Deutung maximal so viel zu tun wie ein Arzt, der bei einer Diagnose zwar verschiedene Symptome zu einer Gesamtbeurteilung heranzieht, aber auch seine Erfahrung und seinen intuitiven Eindruck einbringt und seine Beurteilung dadurch abrundet. Intuition zur Vervollständigung der methodisch erarbeiteten Kriterien ist auch beim Schriftpsychologen vorhanden. Allerdings muß eine Begutachtung immer von Fachleuten nachvollziehbar sein. Sie muß international einheitlich ausfallen und sich an klaren diagnostischen Merkmalen orientieren.

Erstaunlich ist die Unverwechselbarkeit einer Schrift. Wo eine Unterschrift als rechtsverbindliche Kennzeichnung einer Person anerkannt wird, ist indirekt die Akzeptanz der schriftpsychologischen Begutachtung bereits vollzogen. Die Scheckunterschrift oder die Unterschrift bei Verträgen sind signifikante Ausdrucksformen, die wie ein Personalausweis mit Foto oder wie ein Fingerabdruck die Person eindeutig und unverwechselbar identifizieren. Wer also an der Verläßlichkeit der Graphologie zweifelt, sollte sich fragen, weshalb dann einer Unterschrift eine so eindeutige Bedeutung zukommt.

Abbé Michon, einer der Begründer der Französischen Schule in der Graphologie, formulierte zutreffend: »Es ist die Seele, die schreibt.« Obwohl dies schon mehr als hundert Jahre zurückliegt, wird die Methode der Schriftdeutung immer umfassender und verfeinerter. International forschen Schriftpsychologen nach Kriterien, um Handschrift und Persönlichkeitsbild in einen analogen Bezug von höchster Zuverlässigkeit für die Analysen zu bringen.

Die Begründer der modernen Schriftpsychologie haben Akzente gesetzt: Frank Victor spricht vom »Abweichen vom Normalen« (Schulschrift), Alfons Lüke dagegen konzentriert sich auf die *Schriftdominanten.* Für Ludwig Klages ist das Formniveau einer Schrift ausschlaggebend, und Robert Hess definiert *Bewegungs-, Raum- und Formbild.*

Wichtige Unterlagen für die Analyse

Angaben zur Person

- Geschlecht
- Alter
- Beruf
- Nationalität
- Rechts- oder Linkshänder

Schriftvorlagen

Am aussagekräftigsten sind Schriftproben, die auf einem unliniierten A4-Blatt geschrieben sind. Die Seite sollte fortlaufend beschrieben sein und mit einer Unterschrift abschließen.

Der Begutachter muß wissen, von wann die Schriftprobe stammt. Ist sie aktuell oder schon vor längerer Zeit geschrieben worden?

Wenn kein zusammenhängend geschriebener Text, sondern nur Wortnotizen vorliegen, ist eine Deutung nur dann verläßlich, wenn mehrere Notizen herangezogen werden können.

Die Unterschrift allein läßt keine schlüssige und umfassende Aussage zu. Sie ist immer in Kombination mit einem fließenden Text zu interpretieren.

Spontane Schriftproben zeigen die Persönlichkeit unverstellt. Für eine Schriftbegutachtung extra angefertigte Schriftproben sind immer mit Vorbehalt zu bewerten. Je länger ein Text, desto eher fließen typische Merkmale der Schreibgewohnheiten und damit der Persönlichkeitsanteile in das Schriftbild ein. Es sollten mindestens eine bis zwei Seiten beschrieben werden.

Schreibunterlage

Die Schriftprobe sollte auf glattem Papier, das dem Schreibgerät nicht zuviel Widerstand entgegensetzt, geschrieben sein. Das Schreiben darf nicht mit Anstrengung verbunden sein. Die Hand muß über das Papier gleiten können. Auf aufgerauhten und lackierten Papieren Geschriebenes ist für die Analyse einer Schrift ungeeignet, weil sie den Schreibfluß beeinflussen und damit sowohl die Ausformung der Buchstaben als auch den Schreibrhythmus verfälschen.

Briefumschläge tragen zuwenig Schrift. Außerdem ist die Schrift häufig nicht fließend geschrieben, sondern in Druckbuchstaben gesetzt, was die Lesbarkeit zwar erhöht, für den Begutachter aber eine einseitige Akzentuierung bedeutet. Interessant ist der Briefumschlag in Kombination mit fließendem Text, weil er Aufschluß gibt über die Raumaufteilung und damit über Ordnungs- und Organisationsprinzipien des Schreibers.

Schreibgeräte

Füllfederhalter

Ein mit Tinte geschriebenes Schriftdokument ist die optimale Voraussetzung für eine zuverlässige Schriftanalyse. Die Buchstaben sind am besten ausgeformt. Druckunterschiede sind deutlich zu erkennen.

Bleistift

Typ HB (mittelweich) ist geeignet, weil auch hier genügend, aber nicht zuviel »Widerstand« vorhanden ist, um den Buchstaben bewußt zu formen. Gleichzeitig läßt sich die Druckstärke deutlich erkennen.
Bei zu weichem Graphit verwischen die Buchstaben. Die Druckunterschiede sind ebenfalls zu wenig differenziert.
Ein zu harter Bleistift macht eine Schrift karg und klein und zeigt keine Druckunterschiede.

Kugelschreiber

Die kugelförmige Spitze und die geschmeidige Gleitflüssigkeit machen den Kugelschreiber zum angenehmsten und bequemsten Schreibgerät. Der Hand wird es jedoch beim Schreiben zu leicht gemacht. Die Schrift wird zu stark gezogen. Die Buchstaben verflüchtigen sich, und die Schrift verwischt. Weil der Kugelschreiber so leicht zu handhaben ist, verwendet der Schreibende zuwenig Aufmerksamkeit darauf, seine Schrift bewußt zu gestalten.

Filzstift

Der Filzschreiber ist wegen seiner gleichbleibenden Strichstärke *nicht* als Schreibgerät für eine graphologische Begutachtung geeignet. Es läßt sich nicht nachvollziehen, wo der Schreibende mehr Druck aufgewendet hat. Dies ist jedoch von grundlegender Wichtigkeit, um den Energiehaushalt und die Vitalität des Schrifteigners zu erkennen.

Das Handwerkszeug des Graphologen

Vergrößerungsglas

Mit ihm lassen sich doppelter Strich, Kontakte der Buchstaben untereinander und der genaue Schreibablauf nachvollziehen.

Winkelmesser

Die Schräge einer Schrift ist meßbar. Eine bestimmte Schräglage führt zu besonderen Schlußfolgerungen.

Lineal

Zeilenverlauf und unterschiedliche Größe der Worte bzw. »tanzende« Buchstaben lassen sich mit einem Lineal ausmessen.

Zentimetermaß

Wann handelt es sich um eine große und wann um eine kleine Schrift? Es gibt klare Millimeterangaben für die Klassifizierung.

Ausprägung der Handschrift

In der schriftpsychologischen Begutachtung geht es darum, einen Menschen in seinem Verhalten, seinen Reaktionen und Empfindungen richtig einzuschätzen. Dies setzt voraus, daß der betreffende Schreiber in seiner charakterlichen Ausprägung eine gewisse Reife erreicht hat. Erst in dieser Lebensphase ergibt sich ein ausreichender Grad der Eigengestaltung in der Schrift.

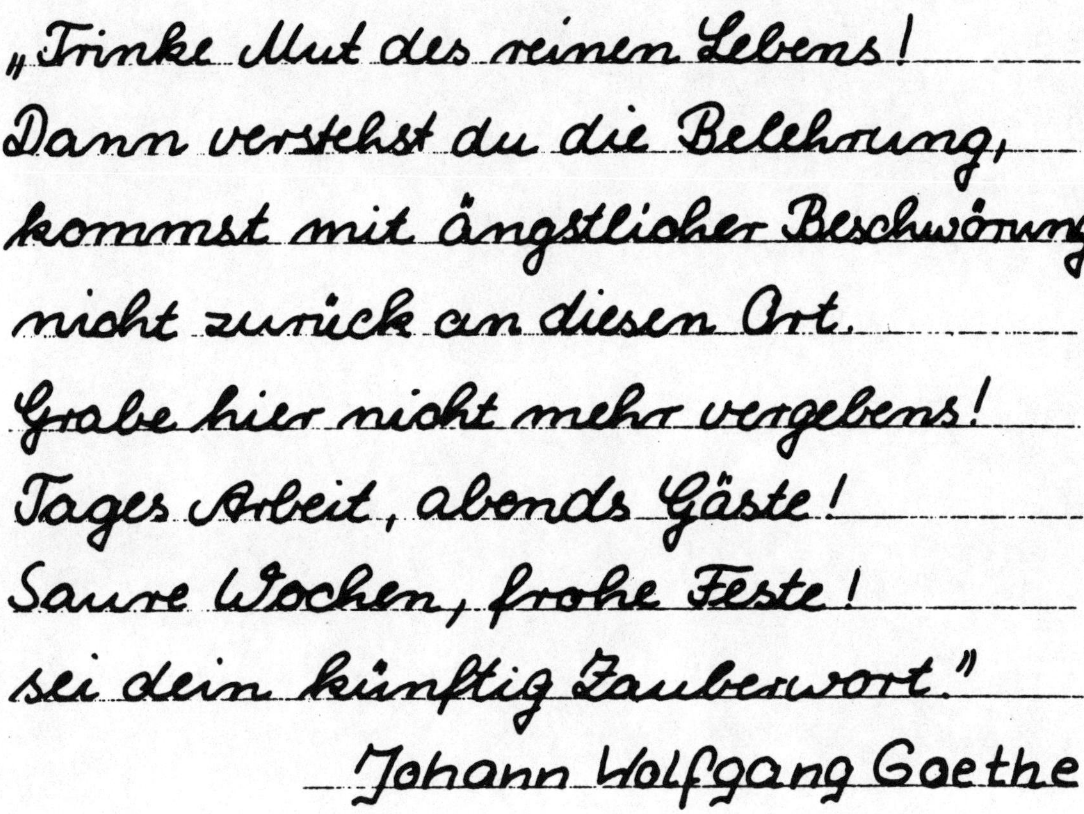

Zwar gibt es Untersuchungen von Kinderschriften, die für sich betrachtet auch überzeugende Ergebnisse haben, aber dieses Buch befaßt sich nur mit ausgeformten Schriften. Erst in der Pubertät beginnt der Mensch, seine Individualität kennenzulernen und sie auszuleben. Dann wird auch die Handschrift eigenwilliger. Unverwechselbare Züge bilden sich heraus. Buchstaben weichen von der erlernten Schulvorlage ab und bekommen ihr »eigenes Gesicht«. Jetzt ist der Punkt erreicht, an dem die Schrift aussagefähig wird. Sie spiegelt nun den Reifegrad der Persönlichkeit. Die schriftpsychologische Begutachtung soll lebenspraktisch und sachlich anwendbar sein für konkrete

Fragestellungen, wie beispielsweise bei Bewerbungen, und dabei Aufschluß geben über das Konzentrationsvermögen, Durchsetzungskraft oder soziales Verhalten.
Auf dem Papier manifestiert sich, was der Mensch an inneren Ausdrucksformen entwickelt. Die innere Haltung überträgt sich ins Gesicht, in die Gestik und Mimik. Das Schreiben hat mit Muskeln und Bewegungsabläufen zu tun. Dies hat der Hirnforscher Pophal nachgewiesen, der die Schreibbewegungen dem gleichen Gehirnteil zuordnet wie alle anderen Bewegungsformen.

Die wichtigsten Verfahren in der Schriftpsychologie

Ausdruckslehre

Der Naturwissenschaftler und Philosoph Ludwig Klages (1872–1956) begründete die Ausdruckslehre. Er wies nach, daß jede Empfindung einen entsprechenden Ausdruck nicht nur in der Mimik und Gestik hat, sondern auch in der Stimmlage, in der Bewegung oder beim Gehen. Zu den Bewegungsabläufen gehört demnach auch das Schreiben. Ludwig Klages unterscheidet im Sinn der heutigen Schriftpsychologie, zwischen *spontanem Ausdruck* und einem mehr durch das Bewußtsein gesteuerten Wunsch nach Darstellung. Ausdruck hängt viel mit Bewegung zusammen, während *Darstellung* sich mehr in der formalen Ausgestaltung dokumentiert.

Symbollehre

Max Pulver (1889–1952) hat in Zürich mit der »Symbolik der Handschrift« seine Methode dargelegt, wonach sich der Symbolgehalt der Handschrift aus ihrer räumlichen Zuordnung ergibt. Die Aufteilung der Schrift auf einem Blatt Papier, die Größe der Buchstaben, Links- und Rechts-Ausprägung und die Akzentuierung der Zonen (Ober-, Mittel- und Unterzone) sind demnach vorrangige Kriterien für die Interpretation der Handschrift.

Hirnphysiologische Zusammenhänge zwischen Nerven, Muskeln und Schreibbewegung

Heinrich Pfanne legte seinem »Lehrbuch der Graphologie« (1961) die Ergebnisse der hirnphysiologischen Forschungen von Rudolf Pophal zugrunde. Die Bewegungen und damit auch das Schreiben werden von der Hirnrinde gesteuert. Was gedacht wird, setzt sich durch die Hirnrinde in Bewegung um. Nach der Lehre von Heinrich Pfanne ergeben sich aus den Impulsen des Hirnstamms vier Grundmuster des Schreibens:

- ungehemmte Schreibbewegungen (pallidär),
- gehemmte Bewegungen (striär),
- rhythmisch-ausgewogene Schreibbewegungen (subkortikal),
- beherrscht-regulierte Schrift, die durch disziplinierte, formal-versteifte Elemente betont ist.

Schriftdominanten

Alfons Lüke entwickelte die Methode weiter, Schriftbilder selektiv zu diagnostizieren. Nachdem mit den oben genannten Verfahren eine Grundlage für die Analyse gelegt ist, werden besonders signifikante Einzelmerkmale ausgewählt und interpretiert. Die Besonderheit in der Schrift, an der man das Geschriebene unter Tausenden von Schriften wiedererkennen würde, gibt nach diesem Verfahren einen besonderen Hinweis auf herausragende Merkmale im Persönlichkeitsbild des Schrifteigners.

Einstiegsregeln zur Schriftanalyse

1. *Lassen Sie stets das gesamte Schriftbild auf sich wirken.*

Wirkt die Aufteilung auf dem Papier für Sie ausgewogen, oder stört etwas das Harmonieempfinden?

Ist die Schrift harmonisch, oder wirkt sie unharmonisch? Definieren Sie, weshalb!
Diese Fragestellung veranlaßt Sie, die Handschrift sehr genau zu betrachten und klar nachvollziehbare Merkmale für einen harmonischen bzw. unharmonischen Eindruck zu sammeln. Es geht dabei nicht um eine subjektiv-intuitive Bewertung, sondern um eine disziplinierte Betrachtung und die Entscheidung, welche Merkmale in der Schrift sich herausschälen lassen und wie sie zu definieren sind.

2. *Worin unterscheidet sich die Handschrift von der Normalschrift, wie sie in der Schule erlernt wird?*

Kennzeichnen Sie durch Unterstreichen oder Einringeln die Merkmale, die von der Schulvorlage abweichen. Mit diesen Elementen betont der Schrifteigner sein Anders-sein. Hier findet seine Individualität ihren sichtbaren Ausdruck. Deshalb finden sich darin wichtige Anhaltspunkte, das Persönlichkeitsbild zu beschreiben. Ordnen Sie die Kriterien den nachfolgend bezeichneten Deutungsrichtlinien zu!

3. *Findet sich in der Handschrift ein besonders auffallendes Merkmal?*

Dieses Element findet in der Analyse eine stärkere Gewichtung. Es ist zu untersuchen, inwieweit es einen Hinweis gibt auf betonte Eigenschaften in Ausdruck oder Darstellung der betreffenden Persönlichkeit.

Suchbegriffe für die drei Hauptregeln

Harmonische Schrift

- Wohlproportionierte Anordnung der Schrift auf dem zur Verfügung stehenden Raum.
- Ausgewogenes Verhältnis der Seitenränder und der Ränder oben und unten.
- Ökonomisch sinnvoller Abstand der Zeilen.
- Wortabstände, die nicht breiter oder enger sind als die Breite eines **a** der betreffenden Schrift.
- Interpunktionen oder Oberzeichen werden ohne auffällige Abstände zum Bezugswort oder zum Bezugsbuchstaben gesetzt.
- Die Schrift ist druckdeutlich.
- Ausgeformte, klar erkennbare Buchstaben.
- Leichte Schräge der Schrift - nach links oder nach rechts.
- Vorwärtsstrebende Schrift, die auf eine gewisse Schreibgeschwindigkeit schließen läßt.
- Die Schrift ist verbunden, das heißt, häufig sind drei bis sechs oder auch mehr Buchstaben aneinanderhängend geschrieben.
- Die Größe der Schrift ist augenfreundlich, aber nicht überdimensioniert.
- Die Zeilen sind wie auf Linien geschrieben.
- Die Großbuchstaben stehen in einem ästhetisch sinnvollen Verhältnis zu den Kleinbuchstaben.
- Die Handschrift ist leicht lesbar.
- Text und Unterschrift sind ähnlich.

Unharmonische Schrift

- Unmotivierte Anordnung der Schrift auf der Seite.
- Die Seitenränder und die Ränder oben und unten sind entweder zu breit oder zu schmal; dazu zählt auch der sich verändernde linke Seitenrand.
- Zu weiter Abstand der Zeilen oder ein zu enger Zeilenabstand, so daß sich Ober- und Unterlängen der Buchstaben verhaken.
- Wortabstände, die zu eng oder zu weit sind – also enger oder weiter, als es dem Maß des **a** der betreffenden Schrift entspricht.
- Interpunktion oder Oberzeichen sind verzogen und stehen nicht in Verbindung zum Wort oder Buchstaben.
- Druckschwache Schrift; unterbrochene Strichführung oder gleichbleibende Strichstärke.

- Die Buchstaben sind verwaschen oder gedrückt.
- Stark geneigte Schrift mit extremer Schräge, wobei dies gleichermaßen gilt für links- oder rechtsschräge Schreibrichtung.
- Steile und durch langsame Strichführung verharrende Schrift; oft kombiniert mit einem Schriftbild, das einer Schulschrift gleicht.
- Die Buchstaben stehen mehr oder weniger einzeln – ohne Überleitungen.
- Übertriebene Größe oder Kleinheit der Schrift.
- Die Zeilen fallen oder steigen an. Es gibt auch noch Mischformen wie beispielsweise die gewölbte oder wellenartig verlaufende Zeile.
- Die Großbuchstaben sind so groß wie die Kleinbuchstaben, oder die Großbuchstaben sind extrem groß.
- Die Handschrift ist schlecht zu lesen.
- Die Unterschrift unterscheidet sich extrem vom fortlaufend geschriebenen Text.

Bei diesem Vorgehen ist das Schriftbild vergleichbar mit einem Haus, einem Zimmer, einer Wohnung oder einem Menschen, den Sie aus einem gewissen Abstand betrachten. Nicht Einzelmerkmale fallen als erstes auf, der Gesamteindruck ist ausschlaggebend. Erst dann schaut man genau hin und entdeckt die Einzelheiten, die den Gesamteindruck in der Summe der Einzelwahrnehmungen entstehen lassen.

Abweichungen von der Normalschrift

Zur Analyse wird alles herangezogen, was bei der Raumaufteilung und bei der Ausformung der Buchstaben gegenüber der Schulschrift verändert ist. Insbesondere gilt dies für umgestaltete Buchstaben und Zonen. Besonders häufig ist hier anzutreffen, wie Oberlängen oder Unterlängen eigenwillig umgewandelt werden.

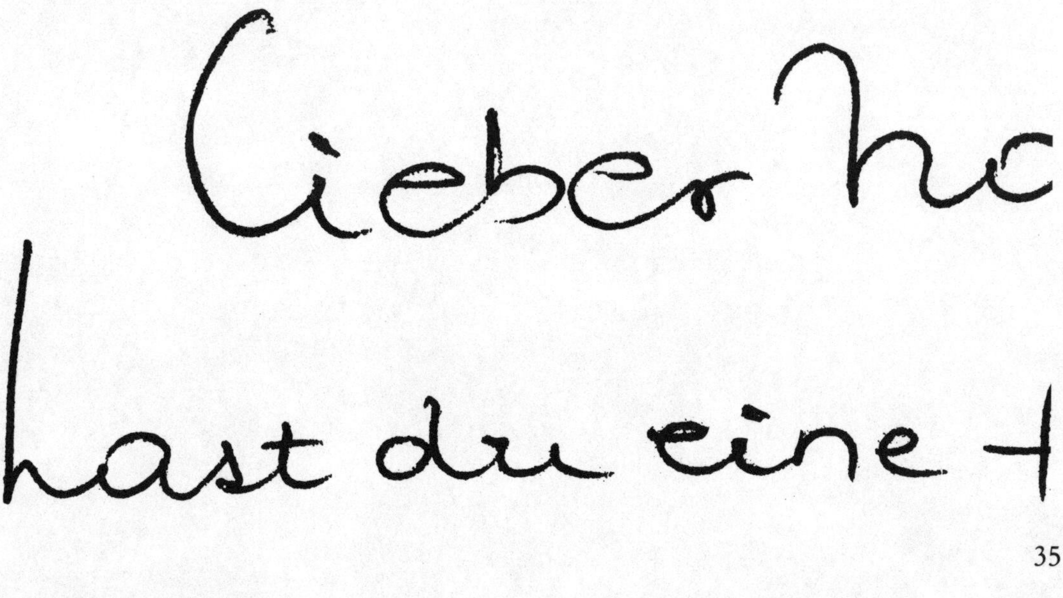

Auffallende Merkmale

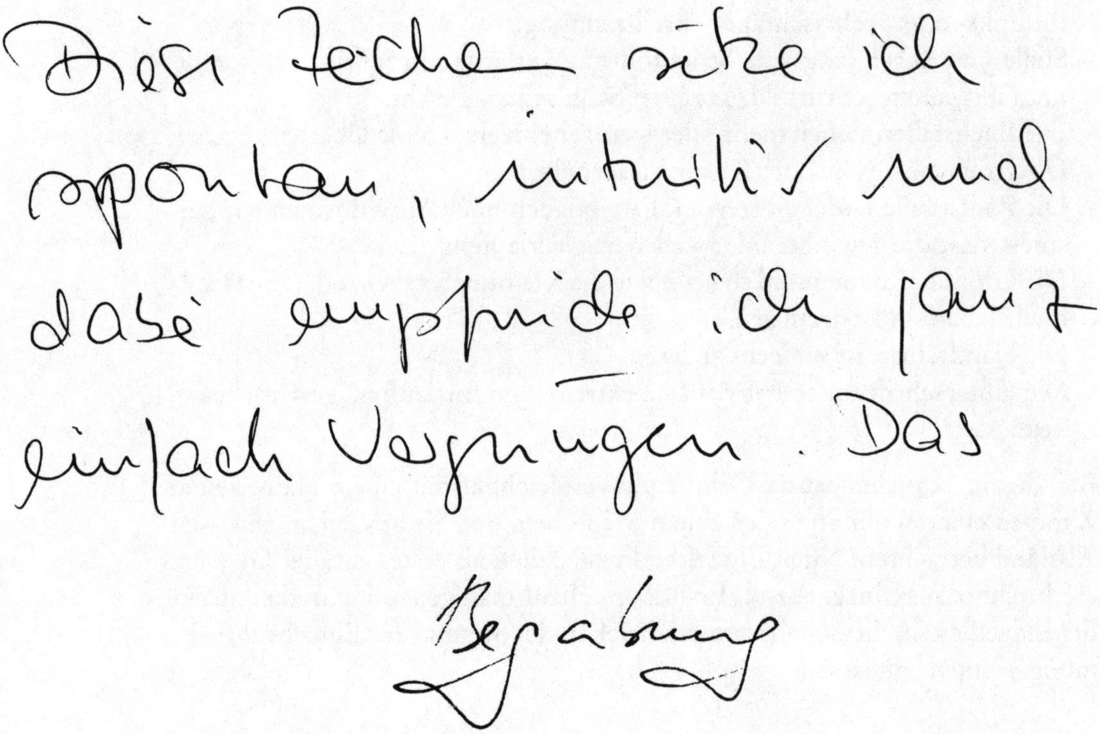

Die obenstehenden Beispiele zeigen, was hier gemeint ist. Es sind Eigenarten – meist bei der Ausgestaltung von Buchstaben –, die sehr typisch für das Schriftbild sind und sich gleichzeitig auszeichnen durch Originalität.

Organisation des Schriftbildes – das Raumbild

In gleicher Weise wie der Mensch in ein soziales Umfeld gestellt wird und sich darin zu behaupten hat, so steht auch die Schrift in einem Raum, der groß oder klein – in jedem Fall aber begrenzt ist. Wie organisiert sich der Mensch innerhalb seiner Möglichkeiten, die geprägt sind von Status, Wohnumgebung, Existenz und Menschen, die ihn durch sein Leben begleiten. Darüber erhält der Graphologe Informationen aus dem Raumbild. Es zeigt, wie sich der Schrifteigner verhält und wie er sich seinen Lebensgegebenheiten anpaßt.

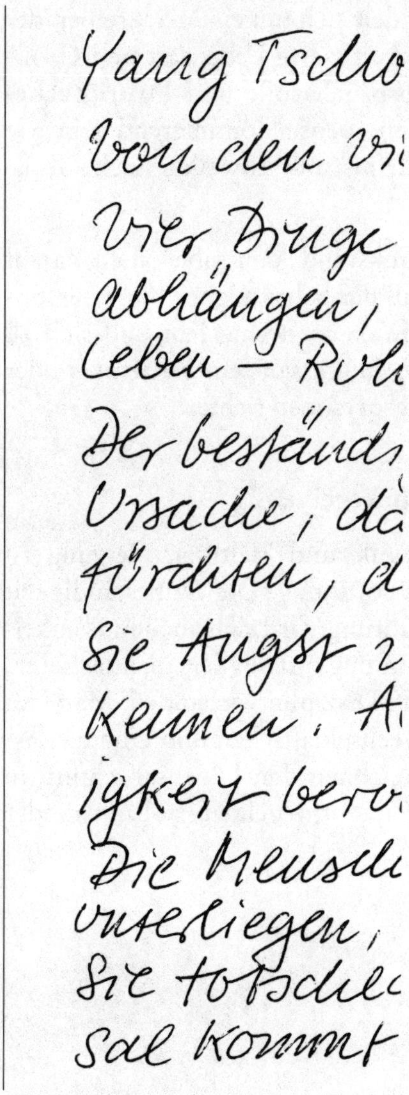

Ränder

Gedeutet wird immer nur, was von der Norm abweicht. Bei der Randgestaltung gilt als Regel bei einem A4-Blatt:

linker Rand:	1,5–2,5 Zentimeter
oberer Rand:	2,5–3,0 Zentimeter
rechter Rand:	1,0–1,5 Zentimeter
unterer Rand:	1,5–2,0 Zentimeter

Wer sich an diese Maße hält, gilt als exakt, ordnungsliebend und gut organisiert. Der Schreibende achtet auf Konventionen. Sein guter Ruf ist ihm besonders wichtig. Er ist korrekt und gepflegt. Experimenten geht er aus dem Weg, zeigt sich aber verantwortungsvoll und pflichtbewußt.

Die verschiedenen Möglichkeiten, die Ränder und damit die Normmaße eigenwillig zu verändern, sind erfaßt und katalogisiert.

Linksrand – fehlend oder schmal

Der Schreiber ist selbstbezogen. Egozentrik prägt den Charakter. Mißtrauen und ängstliche Vorsicht sind weitere Merkmale. Häufig bestehen enge Bindungen an die Vergangenheit oder an die Mutter. Dies hat oft mit unbewältigten Konflikten in der Kindheit zu tun. Das Schutzbedürfnis ist groß.

Linksrand – breit

Hier zeigt sich ästhetisches Empfinden, auch der Wunsch nach Dekorativem und Repräsentation. Es handelt sich um einen Schreiber, der Wert legt auf kultivierte Lebensart und Großzügigkeit. Anspruchsvolle und luxuriöse Lebensart werden ebenso dominierend sein wie Geltungsbedürfnis und zuweilen auch Großspurigkeit.

Der breite Linksrand kann aber auch darauf hinweisen, daß der Schrifteigner seine persönlichen Bedürfnisse zu wenig lebt und sich zu sehr nach den Interessen seines Partners oder anderer Bezugspersonen richtet.

Linksrand – unregelmäßig

Es fehlt an Wille und Haltung. Neigung zu Chaos und Unordnung. Die Unbeständigkeit in der Randführung wird sich auch in Wankelmut und Stimmungsanfälligkeit manifestieren. Es ist zuwenig Disziplin vorhanden. Man läßt sich gehen. Wechselhaftigkeit und Unzuverlässigkeit kennzeichnen den Lebensabschnitt, in dem der Schreiber unregelmäßige Linksränder schreibt.

Linksrand – von oben nach unten zunehmend

Beeinflußbarkeit von außen. Der Schreiber steht nicht fest zu sich und seiner Meinung. Er neigt zu Inkonsequenz und Sorglosigkeit. Mit der Zeit geht er großzügig um. Seine Energien verfließen, und er wendet sich vielem gleichzeitig zu. Seine Begeisterungsfähigkeit ist groß. Impulsiv springt er in die Aktionen. Es fehlt an Vorsicht und Übersicht, dafür herrscht zuviel Ungeduld. Zwanglosigkeit im Umgang, aber auch ein starkes Unabhängigkeitsbedürfnis sind dem Schreiber wichtig.

Linksrand – von oben nach unten abnehmend

Diese Menschen sind überaus vorsichtig. Aus anfänglicher Begeisterung für eine Sache wird später eine egozentrische Wahrung der eigenen Vorteile. Fixierung auf Kindheit, starke Mutter-Bindung und allgemein Verhaftung in der Vergangenheit mit bedauernden, depressiven Zügen sind zu beobachten. Manchen fehlt es auch an Gemeinschaftssinn und der Bereitschaft, Verantwortung für andere zu übernehmen.

Linksrand – konkav (gehöhlt)

Der Schreiber bemüht sich um eine konzentrierte und sparsame Lebensweise. Andererseits wird er immer wieder aus seinen Prinzipien weggezogen. Er läßt sich begeistern und zur Verausgabung verleiten, findet aber wieder zurück zu seiner egobetonten Haltung. Im letzten Augenblick wird er sich wieder nach seinen Interessen richten und eigensinnig seinen ursprünglichen, eher konservativ-kritischen Standpunkt einnehmen.

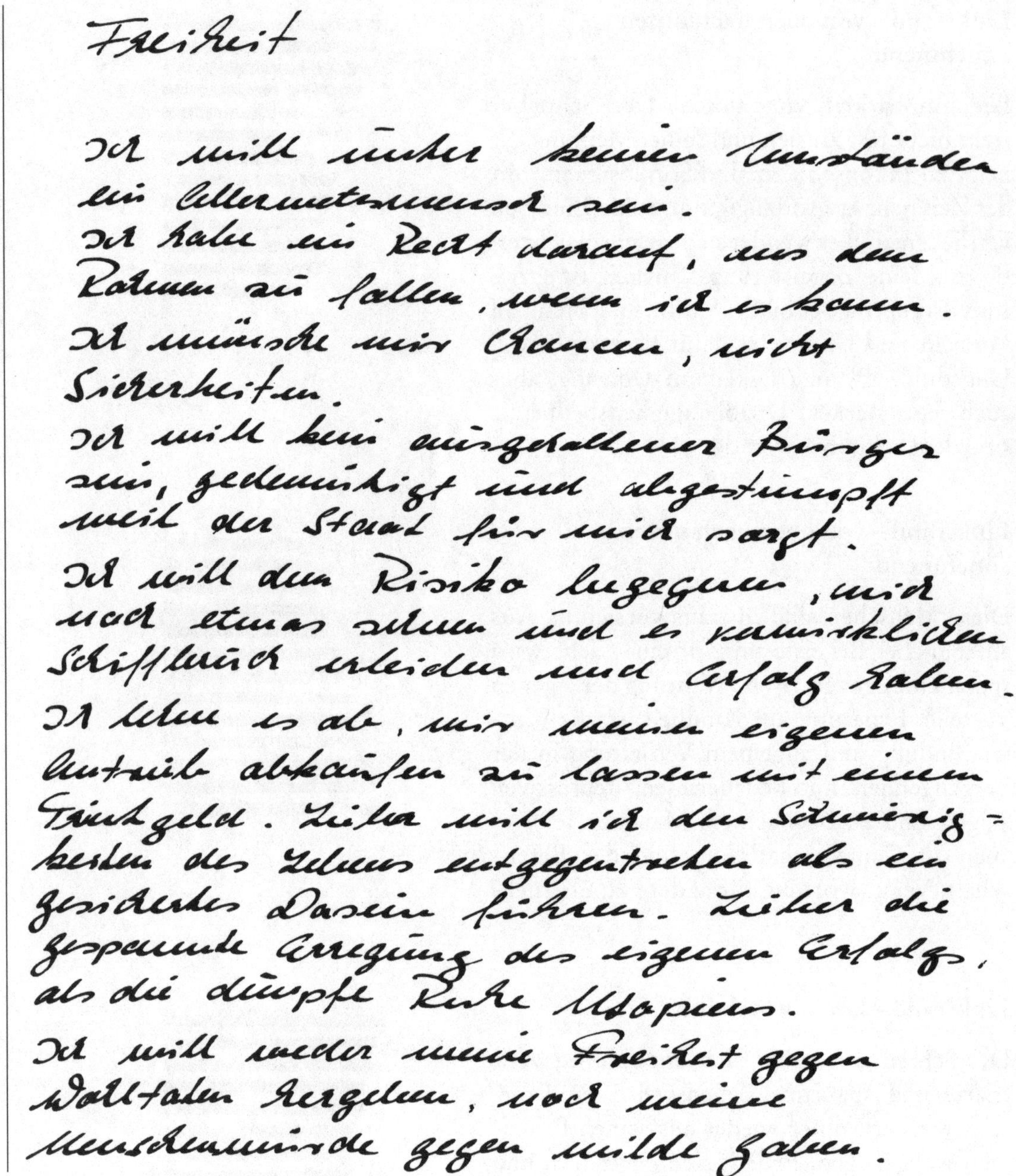
Freiheit

Ich will unter keinen Umständen
ein Allerweltsmensch sein.
Ich habe ein Recht darauf, aus dem
Rahmen zu fallen, wenn ich es kann.
Ich wünsche mir Chancen, nicht
Sicherheiten.
Ich will kein ausgehaltener Bürger
sein, gedemütigt und abgestumpft
weil der Staat für mich sorgt.
Ich will dem Risiko begegnen, mich
nach etwas sehnen und es verwirklichen,
Schiffbruch erleiden und Erfolg haben.
Ich lehne es ab, mir meinen eigenen
Antrieb abkaufen zu lassen mit einem
Trinkgeld. Lieber will ich den Schwierig-
keiten des Lebens entgegentreten als ein
gesichertes Dasein führen. Lieber die
gespannte Erregung des eigenen Erfolgs,
als die dumpfe Ruhe Utopiens.
Ich will weder meine Freiheit gegen
Wohltaten hergeben, noch meine
Menschenwürde gegen milde Gaben.

Linksrand – von oben nach unten abnehmend

Linksrand – konvex (gewölbt)

Die Handschrift macht deutlich, daß sich der Schrifteigner um eine sparsamere und absicherndere Haltung bemüht. Er spürt, daß er vorsichtiger sein sollte. Es fehlt ihm an gesundem Mißtrauen. Der Schreiber hat zu lernen, seinen Standpunkt klarzumachen und sich treu zu bleiben. Statt dessen neigt er zu übertriebener Großzügigkeit und Ausnützbarkeit. Er ist autoritätsgläubig und richtet sich zu sehr nach anderen.

Rechtsrand

Der Rechtsrand ist bei unserer Schrift offen. Es liegt im Belieben des Schreibenden, wo er den Schreibfluß unterbricht, um auf der nächsten Zeile fortzufahren. Da das Schreiben von der Person wegführt und sich zum Du hin orientiert, wie Arm und Hand, die sich vom Körper wegbewegen und sich zum Gruß dem Du hinstrecken, so wird auch im Schriftbild analog die Richtung, die am weitesten vom Schreiber entfernt ist, als die *Du-Seite* gesehen. Pauschal könnte man formulieren, daß ein breiter Rechtsrand auf Kontaktprobleme hinweist, während ein fehlender Rechtsrand eher eine zu starke Anlehnung, vielleicht sogar Aufdringlichkeit oder ein übersteigertes Mitteilungsbedürfnis vermuten läßt.

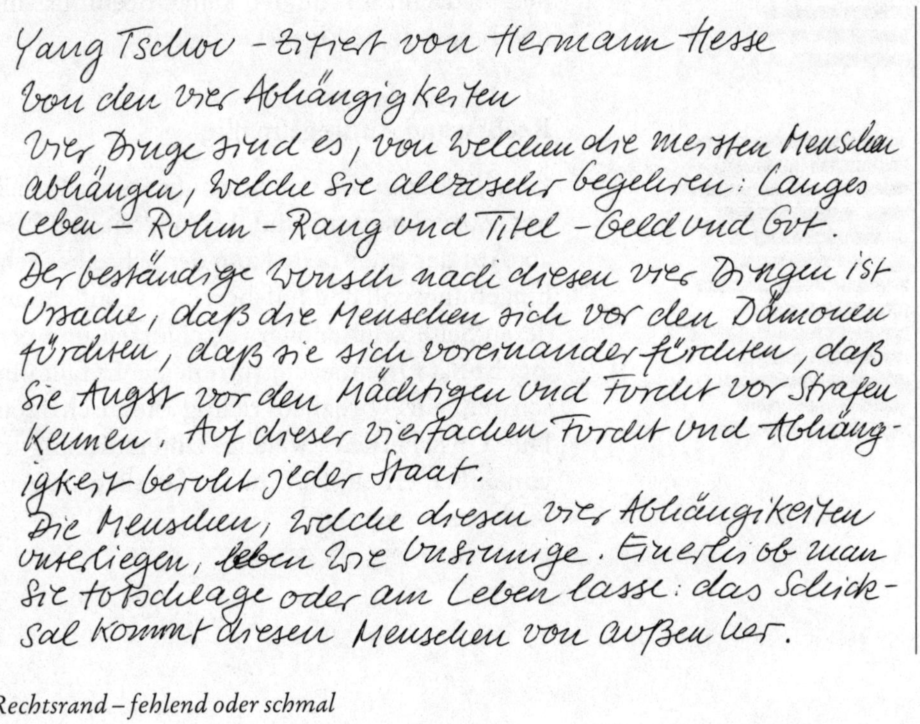

Rechtsrand – fehlend oder schmal

Rechtsrand – fehlend oder schmal

Es fehlt an Organisation. Dieser Mensch teilt falsch ein. Er läßt sich zu Beginn einer Unternehmung zuviel Zeit, um später zu merken, daß die Dinge mehr Zeit und Kraft für sich beanspruchen. Häufig ist auch die Tendenz zu beobachten, daß jemand zur Selbstaufgabe neigt. Eine zu starke Hinwendung zum Du kann für den anderen lästig werden. Ohne es zu merken, ist dieser Schrifteigner zu vereinnahmend und wahrscheinlich auch zu redselig. Er nimmt dem anderen seinen Freiraum und die Freiwilligkeit. Übereiltheit und zu forsches Verhalten sind weitere Eigenschaften, die von anderen als Rücksichtslosigkeit eingestuft werden.

Rechtsrand – breit

Unbewußter oder gewollter Abstand in Beziehungen und zur Umwelt. Es könnte Introvertiertheit bestehen, aber auch ein starkes schöpferisches Eigenleben, das Ablenkung fürchtet. Auf jeden Fall ist dieser Mensch auf seine Freiheit bedacht. Er duldet keine Beeinflussung und betont seine Eigenständigkeit.

Rechtsrand – unregelmäßig

Geselligkeit und Kontaktfreude wechseln sich mit Zurückhaltung und Einsamkeitsgefühlen ab. Auf der einen Seite kann der Schreiber sehr hingebungsvoll und hilfsbereit sein, auf der anderen Seite zeigt er sich verschlossen und geizig. Er hat Orientierungsprobleme. Es fällt ihm schwer, ein Vorhaben richtig einzuschätzen. Die Unsicherheit, welche Unterstützung er von außen erhält, läßt ihn im falschen Augenblick passiv werden.

Rechtsrand – von oben nach unten zunehmend

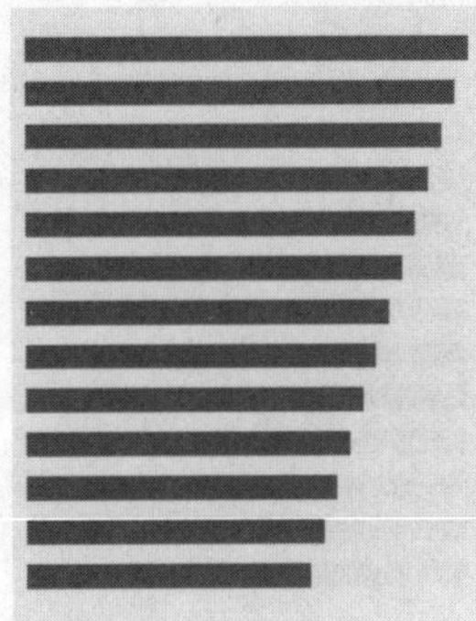

Ausdauer und Lebensmut sind Schwachpunkte im Persönlichkeitsbild. Es fehlt an Mut für das Risiko. Der Schrifteigner weicht im letzten Augenblick zurück und schafft es deshalb nicht, eine Sache erfolgreich zu Ende zu bringen. Ängstlichkeit muß überwunden werden.

Rechtsrand – von oben nach unten abnehmend

Aus einer anfänglichen Scheu wird eine hingebungsvolle und hilfsbereite Nähe. Hier stellt sich eine Persönlichkeit dar, die sich bewußt zurückhält, beobachtet, abwartet und erst nach kritischer Prüfung bereit ist, sich auf jemanden einzulassen oder sich von etwas überzeugen zu lassen.

Rechtsrand – überschritten

Manche Menschen schreiben am Papierrand nach oben oder unten weiter, weil sie noch soviel zu sagen haben. Das zeigt, daß jemand kein Ende findet. Er möchte Aufmerksamkeit und Unterstützung erzwingen. Der Wunsch nach Beliebtheit und Zuwendung könnte ein weiterer Hinweis sein für dieses Schriftmerkmal. Immer wieder stolpert dieser Schreiber über seine eigene Desorganisation. Zeitknappheit und Termindruck erzwingen verkrampfte Kraftakte.

Oberer Rand – schmal

Der Schrifteigner ist um Kontakt bemüht. Dabei wirkt er beflissentlich. Ein zu serviles Verhalten betont die Unnatürlichkeit. Bei schmalem oder fehlendem Oberrand wird auch Taktlosigkeit und Aufdringlichkeit diagnostiziert.

Oberer Rand – breit

Dieses Merkmal weist auf einen rücksichtsvollen Menschen hin. Er zeigt Respekt gegenüber dem Empfänger des Schreibens. Bescheidenes Verhalten und Anpassungsbereitschaft zeichnen den Schrifteigner aus.

Unterer Rand – schmal

Der Schreiber ist sparsam, er vergeudet nichts. Alles wird genutzt. In seinen Gedanken läßt er sich nicht ablenken. Er führt seine Pläne zu Ende. Bei Menschen, denen er vorgesetzt ist oder die auf ihn angewiesen sind, zeigt er gelegentlich Autorität und Unnachgiebigkeit.

Unterer Rand – breit

Formensinn und Ästhetik sind deutlich. Großzügig im Denken. Generös im Handeln. Der Schreiber ist taktvoll und auch respektvoll gegenüber Menschen, denen er sozial übergeordnet ist.

Zeilenführung

Sie gibt dem Schriftpsychologen Informationen über die Vorherrschaft des Verstandes beim Schreibenden und auch über seine Lebenshaltung im Sinne des emotionalen Engagements. Bei waagerechter Zeilenführung werden verstandesmäßige Kontrolle, Beherrschtheit und planvolles Denken ins Optische umgesetzt. So lernt es das Kind in der Schule und erhält zur Unterstützung ein liniiertes Blatt und später ein Linienblatt zum Unterlegen.

Bei Bewerbungen, Lebensläufen oder anderen Schriftstücken, wo es um einen guten Eindruck geht, wird häufig ein Linienblatt verwendet. Der Graphologe kann die Abstände der Zeilen messen und weiß bei exakt gleichbleibendem Maß, daß ein Linienblatt verwendet wurde. Ohne Linienblatt kann niemand absolut im gleichen Abstand und total waagerecht schreiben.

Die Zeilenführung spiegelt die innere Auseinandersetzung des Schreibers mit seinem Verstand und den Emotionen. Die Ratio plant und setzt um. Aus ihr heraus entsteht eine waagerechte Zeile. Emotionen und Temperament schaffen spontane Bewegungsimpulse, welche die Zeilen aus der Waagerechten nach oben, unten oder wellenförmig abdrängen. Die geplante Steuerung wird außer Kraft gesetzt. Unwillkürliche Reflexe, die aus der Psyche initiiert werden, bestimmen den Bewegungsablauf und damit die Richtungsänderung der Zeilen.

In der Graphologie sind *zehn Grundformen* der Zeilenführung definiert:

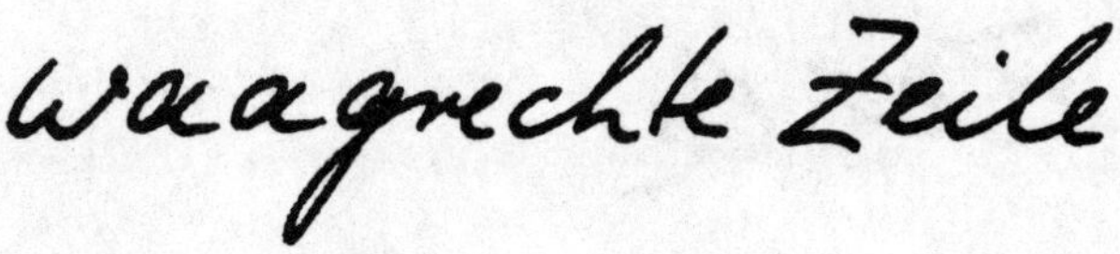

waagerechte Zeile

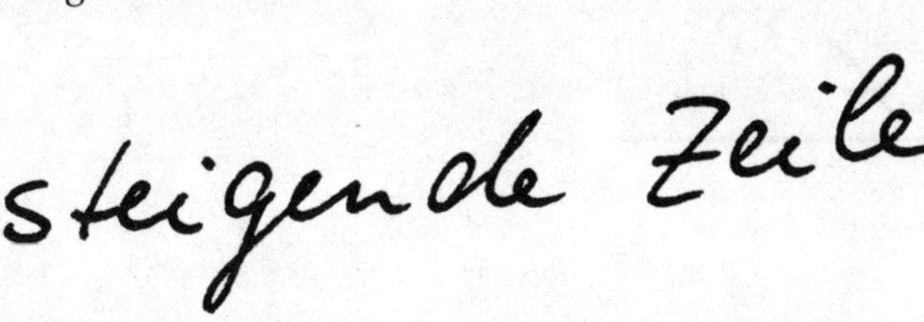

steigende Zeile

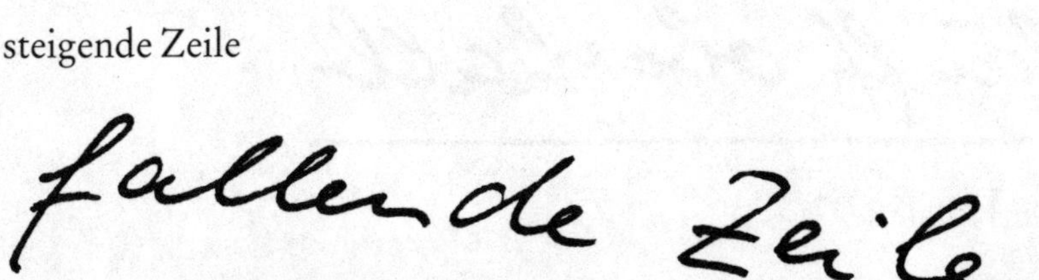

fallende Zeile

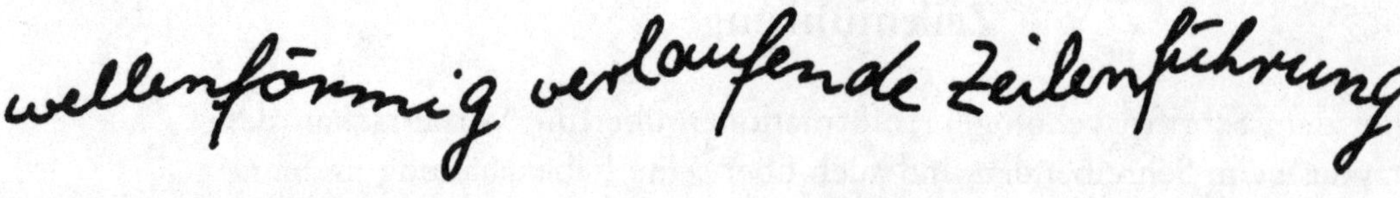

wellenförmige Zeile

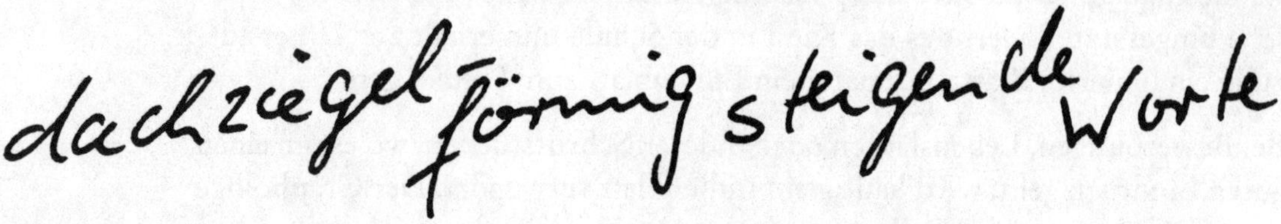

dachziegelförmig steigende Worte innerhalb der Zeile

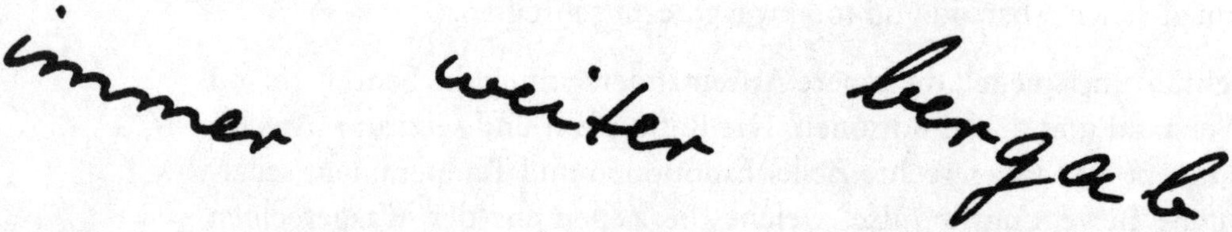

dachziegelförmig fallende Worte innerhalb der Zeile

konkave Zeile

konvexe Zeile

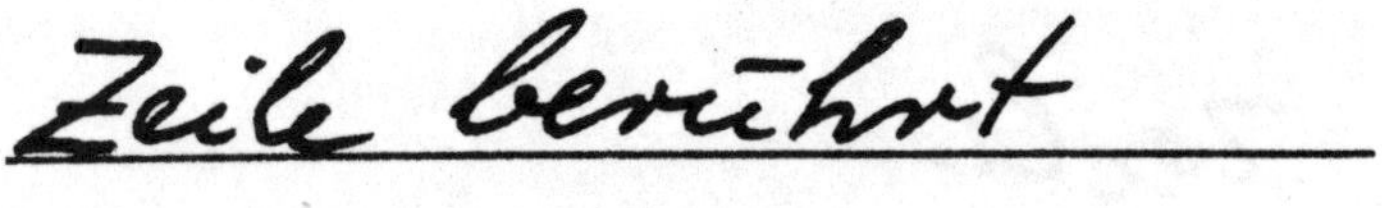

Zeile berührt Hilfslinie bei liniiertem Papier

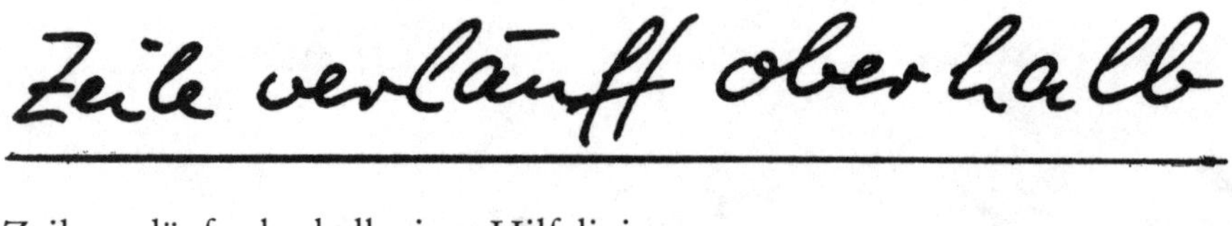

Zeile verläuft oberhalb einer Hilfslinie.

Die Bedeutung der Zeilenführung

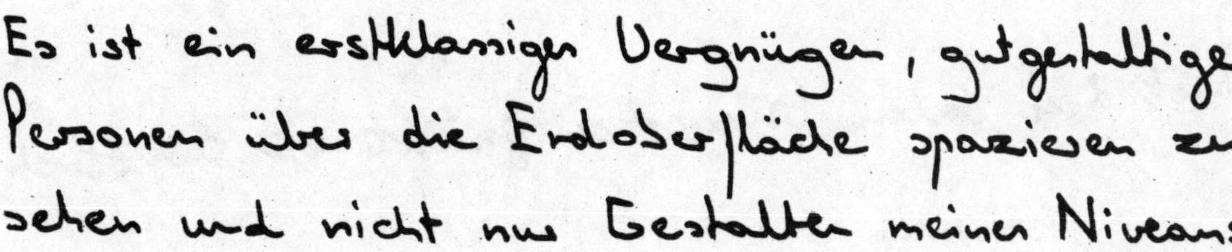

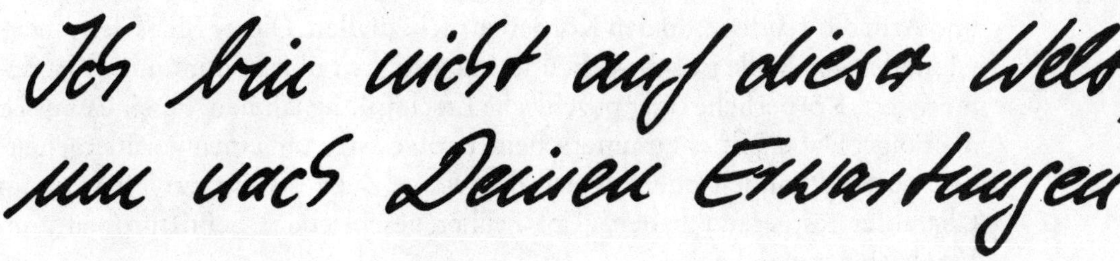

Waagerechte Zeile

Der Schreiber ist akkurat und korrekt. Sicher gehört Festigkeit bis hin zum Eigensinn zu den Charaktermerkmalen, auch Widerstandsfähigkeit und Willenskraft. Verstand und logisches Denken herrschen vor. Dieser Schreiber ist zielstrebig und läßt sich nicht ablenken. Stabil und belastbar widmet er sich seinen Aufgaben und beweist dabei eine hohe Leistungsfähigkeit. Sorgfalt, Zuverlässigkeit und Ordnungsliebe zeichnen ihn aus.

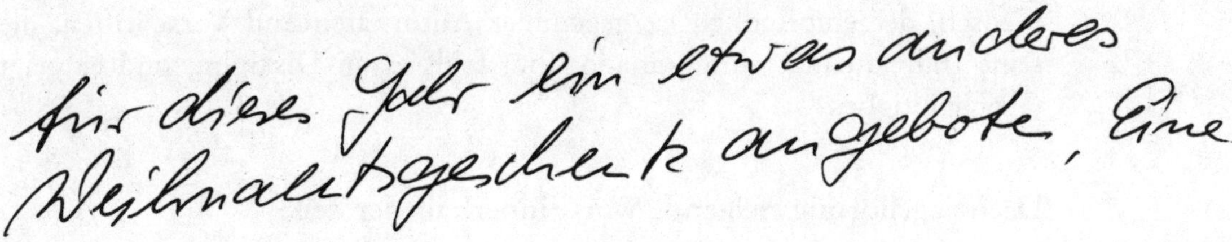

Steigende Zeile

Der Schreiber zeigt Selbstvertrauen. Er ist motiviert. Mit Schwung, Optimismus und Ehrgeiz packt er sein Leben an. In der steigenden Zeile dokumentiert sich Begeisterungsfähigkeit und Aktivität. Dieser Mensch ist humorvoll und heiter. Er ist ein Chancenfinder. Vielleicht ist sein Denken ab und zu etwas illusionär oder in der Zielsetzung zu optimistisch, was auf eine Selbstüberschätzung zurückzuführen ist, die auch zu Leichtsinn führen kann und dazu, die Dinge tendenziell zu sehr auf die leichte Schulter zu nehmen.

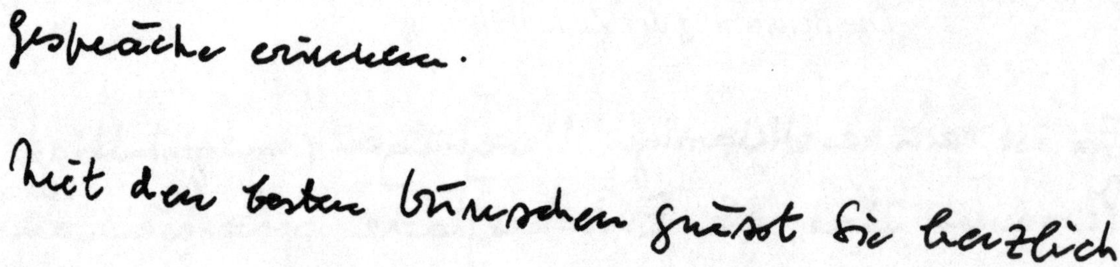

Fallende Zeile

Hier ist ein Problemsucher am Werk. In der Schreibbewegung haben Hand und Arm die Tendenz, an den Körper zurückzufallen. Dieser Mensch ist mental müde. Sein Wille ist schwach, und Lustlosigkeit überkommt ihn, er ist demotiviert. Körperliche oder psychische Erschöpfung lähmen. Pessimismus ist die Folge. Dabei gilt es zu unterscheiden, ob es sich um einen vorübergehenden Zustand handelt oder ob sich depressive Züge bis hin zur Neurose im Charakter festgesetzt haben. Tip: Früher geschriebene Schriftproben zum Vergleich heranziehen!

Wellenförmige Zeile

Die Zeilenführung hält sich nicht an die Vorlagen. So wird sich der Schrifteigner auch im Leben nicht nach Normen richten, sondern seine Individualität leben – ohne Rücksicht darauf, wie dies bei anderen ankommt. Wer so schreibt, wird nur sich selbst trauen. Für ihn ist nur die eigene Meinung wirklich überzeugend. Vielfach sind querdenkerische Züge zu erkennen. Ein Mensch, der empfindlich ist gegenüber Autoritäten und Vorschriften, die seine Individualität einschränken. Ihm fehlt es an Disziplin, und er zeigt Gleichgültigkeit.

Dachziegelförmig steigende Worte innerhalb der Zeile

Dieser Mensch bemüht sich um ein seelisches Gleichgewicht. Er versucht, sich in einen hoffnungsvollen und fröhlichen Zustand zu bringen. Zwischen Ermattung und Aktivität hin- und hergerissen versucht er, sich zu disziplinieren.

Dachziegelförmig fallende Worte innerhalb der Zeile

Hier zeigt sich eine Tendenz zu Depression und Verzweiflung. Der Mensch ist unzufrieden mit sich und anderen und kämpft gegen Bedrücktheit. Mit Verstand und Willen versucht er gegen seine Stimmungen anzugehen. Trotzig will er sein Leben fest in die Hand nehmen, um doch festzustellen, daß der geringste Anlaß ihn wieder in die Hoffnungslosigkeit treibt. Bei Menschen mit chronischen Krankheiten finden sich häufig in der Handschrift diese dachziegelförmig gestaffelten Wörter innerhalb einer Zeile.

Konkave Zeile (gehöhlt)

Abfallende Energie. Die Zeilenführung läßt darauf schließen, daß Ermüdung, Niedergeschlagenheit und Depression vorliegen. Meistens bezieht sich dies auf aktuelle Anlässe, so daß die Zeile wieder horizontal geführt wird, wenn die Belastungen behoben sind. Die betreffende Person bemüht sich, zu neuen Kräften zu kommen. Sie zieht Hoffnung aus den kleinsten Dingen. Mit viel gutem Willen möchte sie sich selbst aus dem Seelentief holen.

Konvexe Zeile (gewölbt)

Manisch-depressive Verhaltensweisen sind in der konvexen Zeile erkennbar. Schnell ist man begeistert, um dann bei den ersten Schwierigkeiten entmutigt aufzugeben. Pläne und Ideen gibt es viele, aber keine Kraft, sie auszuführen. Diese Menschen springen schnell in die Tat ein, es fehlt ihnen aber am Durchhaltevermögen. Die Antriebsenergien verpuffen zu schnell. Die Motivation ist nur an der Oberfläche, sie mobilisiert nicht den ganzen Menschen. Gute Vorsätze sind schnell wieder vergessen – wo kein festes Wollen ist, da gibt es auch kein »Trotzdem«. Die Schrifteigner verfallen zu schnell in Resignation und kapitulieren vor ihrer Unfähigkeit. Dies läßt ein Versager-Syndrom entstehen, dem Minderwertigkeitskomplexe folgen. Am Ende stehen Energielosigkeit und Niedergeschlagenheit.

Zeile berührt Hilfslinie bei liniiertem Papier

Der Schreiber braucht Anlehnung. Es fehlt ihm an Eigenständigkeit. Exaktheit und Korrektheit sind vorhanden. Disziplin wird großgeschrieben. Seine Persönlichkeit zeichnet sich durch Zuverlässigkeit aus. Er ist jedoch kein kreativer Mensch, sondern eher jemand, der das hundertprozentig ausführt, was man ihm aufträgt. Der Schreiber braucht Richtlinien, um zu wissen, was zu tun ist. Er informiert sich ausführlich und diskutiert alle Möglichkeiten, bevor er, einem guten Ruf folgend, sich endlich entscheidet. In allem geht er auf Nummer Sicher. Er folgt Vorschriften und Geboten auf das Komma genau.

Zeile verläuft oberhalb einer Hilfslinie

Der Schrifteigner strebt nach Selbständigkeit. Er will sich in nichts dreinreden lassen. Eigenständigkeit ist bei ihm nicht selten gleichzusetzen mit Eigenwilligkeit. Wie er sich beim Schreiben nicht an die Gegebenheiten hält, so verhält er sich auch im Leben. Er lebt nach eigenen Grundsätzen, die er für sich zum Gesetz erklärt. In seiner unkonventionellen Art findet er sich schnell im Widerstand gegen Autoritäten, Vorgesetzte oder Behörden wieder. Er bevorzugt den Umgang mit Menschen, denen seine freie Geisteshaltung gefällt. Nirgendwo ist er einzuordnen. Er träumt von der absoluten Freiheit, das zu tun, was er tun will. Seiner Auffassung nach hat niemand das Recht, anderen Rechenschaft abzuverlangen. Diese Persönlichkeit trägt nur sich selbst gegenüber Verantwortung. Individuelle Andersartigkeit wird bei ihm zum Programm. Oft trägt sie Überlegenheit und Elite-Verhalten zur Schau.

Zeilenabstand

Die Zeilenabstände werden in der Graphologie dem Distanzverhalten des Schreibers zugeordnet. Dicht stehende Zeilen sind demnach Hinweise für Engagement und Intensität des Kontakts. Weit auseinander stehende Zeilen zeigen den Abstand des Menschen zu seinen Unternehmungen oder seinem sozialen Umfeld.

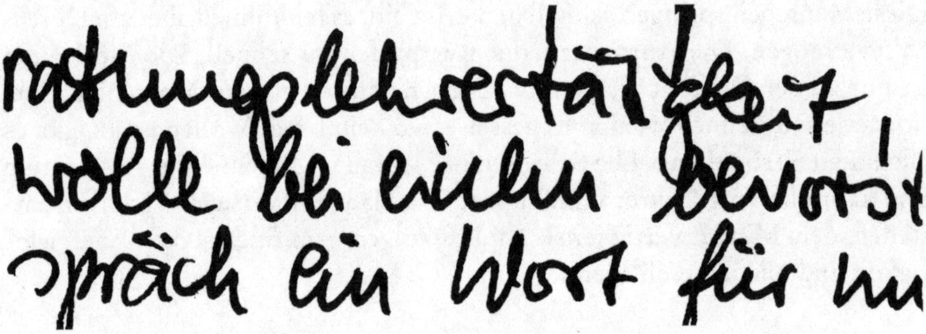

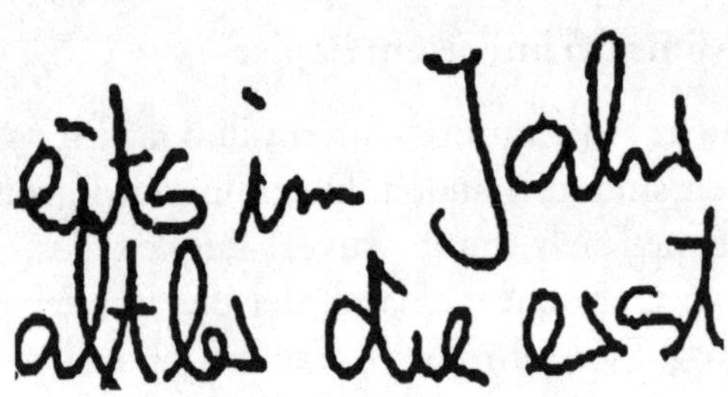

Zeilenabstand – eng

Der enge Zeilenabstand entspricht einem überbetont engagierten Denken. Daraus kann schnell Verbohrtheit und Rechthaberei werden. Da der Schrifteigner in der Enge seiner Zeilenführung auch keinen Überblick finden kann, entstehen Vorurteile und Vorbehalte. Andererseits besteht eine Tendenz zur Spezialisierung. Dieser Mensch neigt dazu, sich ganz tief in Themen oder Aufgaben hineinzubegeben – vielleicht sogar sein ganzes Leben einer bestimmten Aufgabe zu widmen.
Bei enger Zeilenführung ist im mitmenschlichen Verhalten häufig eine zu starke Kontaktbereitschaft festzustellen. Der Schrifteigner nimmt es sich heraus, »den Fuß in die Tür zu stellen« und andere Menschen in einer Weise zu beanspruchen, die als Vereinnahmung verstanden werden könnte. Mehr Distanz, Respekt und Toleranz sind erforderlich!

Zeilenabstand – weit

Übersicht und Organisationstalent zeichnen den Schreiber aus. Er handelt planvoll und untersucht Sachverhalte realistisch und differenziert. Intellektualität und nüchtern-distanzierte Betrachtungsweisen kennzeichnen die Persönlichkeit.

Sonderformen

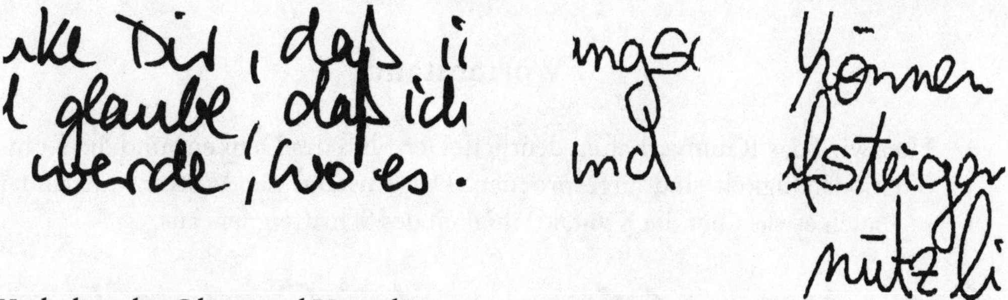

Verhaken der Ober- und Unterlängen

Wenn die Zeilen eng stehen, läßt es sich kaum vermeiden, daß sich die Unterlängen der oberen Zeile mit den Oberlängen der unteren Zeile verhaken oder sie sich zumindest berühren. Der Graphologe diagnostiziert dann Einmischung in die Angelegenheiten anderer oder rücksichtsloses, aufdringliches Verhalten. Der Schreiber verstrickt sich auch selbst in Details, hält sich zu lange bei Kleinigkeiten auf und verbohrt sich. Er sieht vor lauter Bäumen den Wald nicht mehr. Die Unklarheit im Charakter überträgt sich auch ins Schriftbild, wo Undurchschaubarkeit und Unberechenbarkeit dominieren. Es fehlt die klare Gliederung der Zeilen, und analog dazu wird Mangel an Klarheit und fehlender Ordnungssinn interpretiert.

Zeilenabstände werden nach unten enger

Der Schreibende läßt zuviel auflaufen, bevor er aktiv wird. Die Dinge sammeln sich an. Daraus entsteht Stress und Zeitdruck. Schuld daran ist die mangelnde Organisation. Der Schrifteigner kann Zeit und Wichtigkeit der Unternehmungen nicht in die richtige Proportion bringen. An Unwichtigem hält er sich zu lange auf, so daß für das Wichtige nicht genügend »Raum« (Zeit) bleibt. Er hat zu lernen, sich besser einzuteilen und seine Vorhaben realistischer einzuschätzen. Enger werdende Zeilen können auch darauf verweisen, daß der Schreibende noch viel zu sagen hat und es nicht versteht, die Dinge auf den Punkt zu bringen. Auch hier fehlt es an der Fähigkeit, Wichtiges von Unwichtigem zu trennen.

Zeilenabstände werden nach unten breiter

Die Mitteilungsbereitschaft läßt nach. Zum Ende einer Unternehmung wird der Schrifteigner nachlässiger und Undiszipliniertheiten schleichen sich ein. Das Formale wird plötzlich wichtiger als der Inhalt. Er hält sich an Konventionen oder an einen Rahmen, ohne mit seiner Persönlichkeit wirklich dahinterzustehen. Alles wird geschickt verpackt, aber man vermißt wirkliche Anteilnahme und Stellungnahme.

Wortabstand

Hier wird das Raumverhalten deutlich. Der Fluß des Denkens und die Kombinationsfähigkeit sind angesprochen. Der Abstand der Wörter zueinander sagt auch etwas über die Kontaktfähigkeit des Schrifteigners aus.

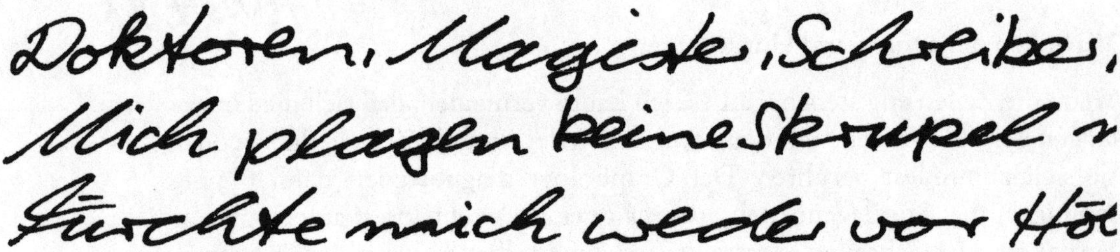

Wortabstand – eng

Ähnlich wie beim Zeilenabstand gilt auch hier Eigensinnigkeit und eine zu starke Kontaktsuche. Dieser Mensch kann nicht allein sein. Er braucht ständig Ansprechpartner um sich herum. Jeder muß zu jeder Zeit für ihn verfügbar sein. Dabei ist er selbst wenig anpassungsbereit und verhält sich teilweise taktlos. Der Schreibende neigt dazu, andere vor den Kopf zu stoßen. Er kann sich nur schwer aus Situationen lösen und bleibt in ihnen verhaftet. Dabei regt er sich auf und findet keinen versöhnlichen Abstand.

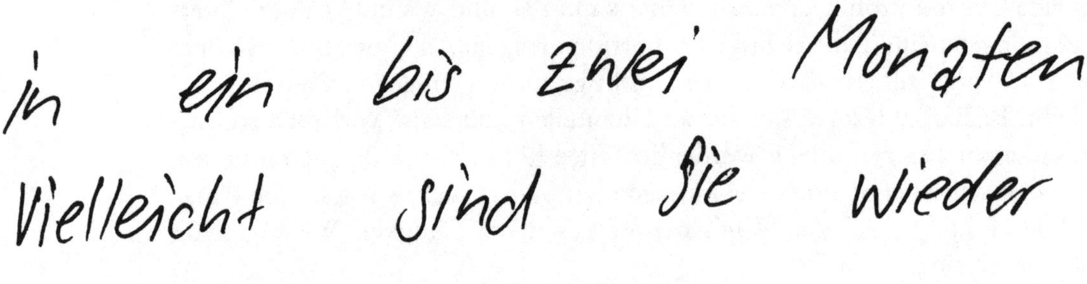

Wortabstand – weit

Die Großzügigkeit wird des öfteren übertrieben. Daraus entstehen auch Nachlässigkeiten. Diese Menschen brauchen viel Zeit, um sich zu entschei-

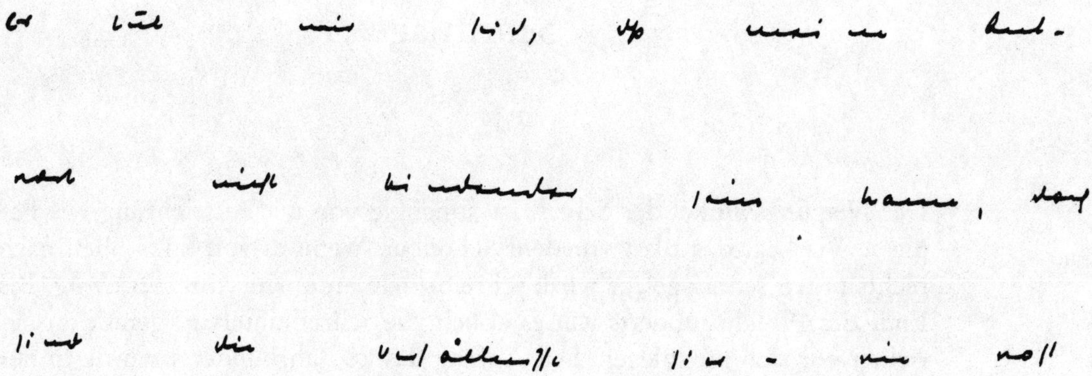

den. Meist sind sie auch zurückhaltend und legen sich nicht fest. Auf den ersten Blick mag ein weiter Wortabstand ästhetisch und organisiert wirken, im Charakterbild jedoch zeigt sich die Tendenz zu verzögerter Umsetzung der Ziele. Prioritäten werden falsch gesetzt. Chancen werden so lange bedacht, bis sie keine mehr sind.

Schriftlage

Der Neigungswinkel der Schrift ist abhängig von der Ausrichtung des Papiers. Wie liegt das Blatt vor dem Schreiber. Wenn es von links oben nach rechts unten schräg gelegt wird, schreibt man automatisch *rechtsschräg*. Bis Ende des 19. Jahrhunderts war es üblich, die Schreibunterlage gerade ausgerichtet vor sich hinzulegen. Seit Anfang des 20. Jahrhunderts wurde in der Schule gelehrt, das Blatt schräg auszurichten.
Schriftform und Schriftrichtung, das heißt die gesamte Unterweisung im Schreiben, waren schon immer geprägt von historischen und kulturellen Zeitströmungen.

Aus dem *Graphologischen Kreuz* (siehe S. 159) ist beispielsweise abzulesen, daß der Schreiber bei einer rechtsschrägen Schrift Zukunftsorientiertheit und Fortschrittlichkeit, aber auch seine Kontaktfähigkeit und seine Vitalität signalisiert. Dies entspricht dem Zeitgeist und den Tugenden, die bei den Aufbauleistungen nach dem Ersten und dem Zweiten Weltkrieg besonders wichtig waren.

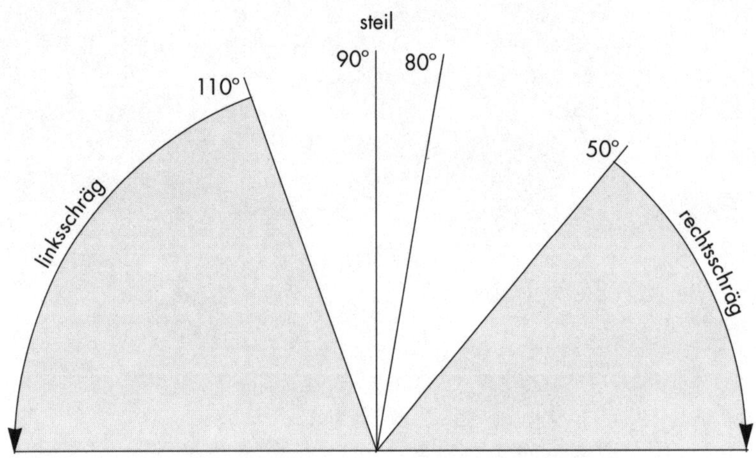

Die Graphologie unterscheidet vier Schreibrichtungen:

- rechtsschräg
- linksschräg
- steil
- links-rechts-schwankend

Gedeutet wird nur, was von der Schriftvorlage, wie sie in der Schule gelehrt wurde, abweicht. Nachdem die Grundbegriffe des Schreibens erlernt waren, wurde das Heft leicht schräg gelegt, so daß sich die Schrift nach rechts neigte.

Zwischen 80 und 50 Grad gilt der Neigungwinkel als »normal« im Sinne der erlernten Schriftführung. Wenn sich jedoch ein stärkerer Neigungswinkel ergibt, der jenseits der 50 Grad liegt und sich der Horizontalen nähert, also zwischen 50 und 0 Grad, dann spricht der Schriftpsychologe von einer *rechtsschrägen* oder *extrem rechtsschrägen* Schrift.

Bei der *Linksschräge,* die man häufig bei Handschriften von Frauen antrifft, ist der Neigungswinkel zwischen 90 und 110 Grad wenig aussagefähig. Von 110 bis 180 Grad allerdings handelt es sich um eine linksschräge Schrift, die zu interpretieren ist.

Bleibt noch die *steile Schrift.* Darunter versteht der Graphologe aufrecht stehende Buchstaben, die so gut wie keinen Neigungswinkel haben. Im allgemeinen gilt die Regel, daß die steile Schrift eine maximale Neigung von 10 Grad nach rechts haben darf – also zwischen 90 bis 80 Grad (siehe Skizze S. 54).

Rechtsschräg

Der Schreiber hat eine kontaktfreudige Einstellung. Er sucht den Fortschritt, ist fleißig und ehrgeizig. Mit rechtsschräger Schrift denkt ein Mensch vorwärts. Einsatzbereitschaft und Optimismus zeichnen ihn aus. Seine Natürlichkeit macht ihn beliebt. Er hält sich nicht lange mit Kleinigkeiten auf. Seine Mißerfolge wirft er hinter sich. Er vergißt schnell, was ihn gekränkt hat. Der Schrifteigner motiviert sich selbst. Mit Schwung macht er sich an seine Aufgaben. Temperamentvoll packt er das Schwierige an. Je schräger die Schrift, desto größer ist die Neigung, durch Übertempo Raubbau mit seinen Kräften zu betreiben oder durch zu großen Ehrgeiz in ein Übertempo zu fallen, aus dem unbesonnene Aktionen gestartet werden.

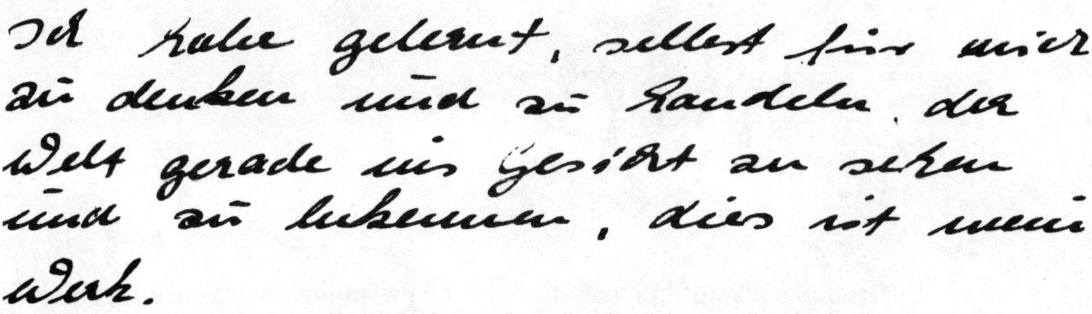

Es handelt sich um eine vitale und dynamische Persönlichkeit, die mit starkem Willen ihre Ziele erreichen wird. Impulsivität, vielleicht auch Unbeherrschtheit hängen nicht allein von der Schräglage ab, aber sie sind bei extrem rechtsschräger Schrift häufiger anzutreffen. Dann wird aus Extravertiertheit und Hingabefähigkeit auch die Tendenz zur Selbstaufgabe. Der Mensch macht sich abhängig von Fremdmeinungen und tendiert zu Manipulierbarkeit und

Hörigkeit. Personen, die sehr rechtsschräg schreiben, sind oft zu leichtgläubig. Sie zeigen auch eine größere Gereiztheit, sind schnell nervös und können ihr cholerisches Temperament kaum zügeln. Unruhe und Erregbarkeit werden zu belastenden Faktoren in ihren zwischenmenschlichen Beziehungen, privat und am Arbeitsplatz.

Sonderformen

Rechtsschräg – fast liegende Schrift (30 bis 10 Grad)

Starke Impulsivität und Ehrgeiz. Skrupellosigkeit, wenn es um die eigenen Interessen geht.

Rechtsschräg – stark geneigt (50 bis 30 Grad)

Große Kontaktfähigkeit. Mitteilsamkeit und Informationslust können für andere mühsam werden. Karriereverhalten; Status ist wichtig, Beziehungen werden zu hoch bewertet.

Linksschräg

Wie eingangs schon erwähnt, ist es wichtig, ob die linksschräge Schrift von einem Mann oder einer Frau stammt. Analog zum Graphologischen Kreuz gehört es zum Naturell der Frau, linksbetont zu schreiben. Dann weist die

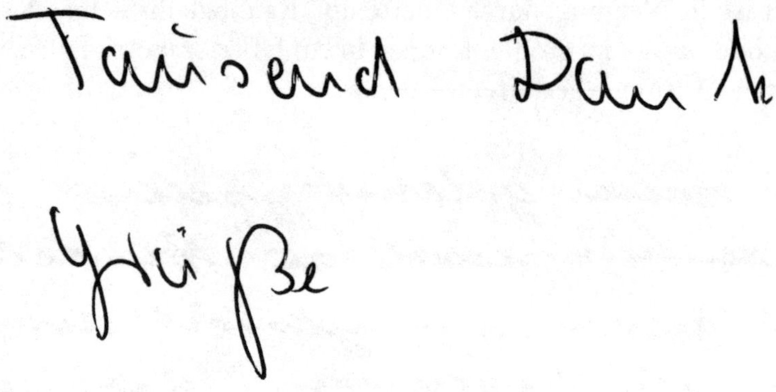

Linksschräge darauf hin, daß die Schrifteignerin ihre weiblichen Eigenschaften auslebt. Sie ist bewahrend und pflegend. Intuition und Empfindungen steuern ihr Leben. Wahrscheinlich ist, daß Mütterlichkeit und Beharrlichkeit, auch Standorttreue ihr Charakterbild prägen.

Wenn ein Mann linksschräg schreibt, dann verhält er sich entsprechend den Aussagen im Koordinaten-Schema (Graphologisches Kreuz) atypisch. Das bedeutet, daß es ihm an Natürlichkeit fehlt. Häufig beobachtet man bei einem

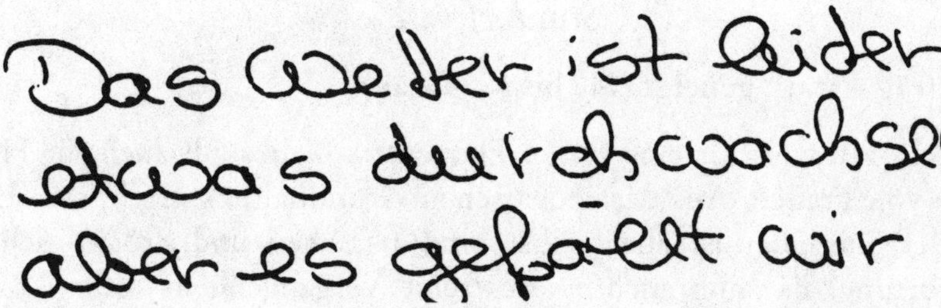

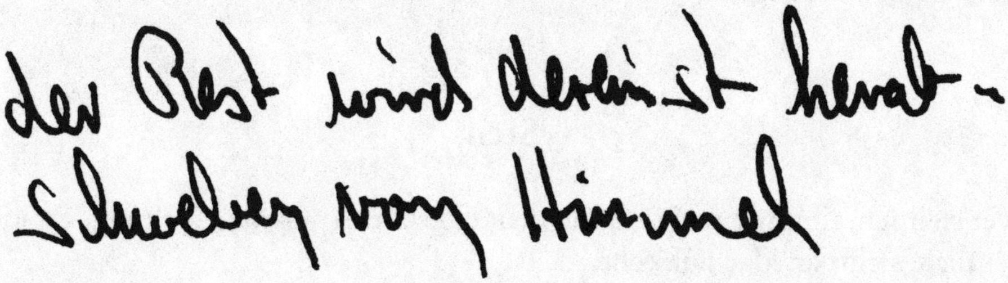

solchen Menschen Reserviertheit, und er ist kontaktarm. Je nach Verbundenheit der Buchstaben kann man auch Einsamkeitsgefühle oder Isoliertheit diagnostizieren. Die Introvertiertheit trägt egozentrische Züge. Der Schreiber denkt nur an sich. Mißtrauisch geht er schnellen Entscheidungen aus dem Weg und prüft jeden Punkt genauestens. Seine Hemmungen machen ihn unsicher. Er ist vergangenheitsabhängig, vielleicht auch extrem mutterbezogen. Seine erste Reaktion ist immer Ablehnung. Nur schwer läßt er sich festlegen. Er scheut sich, Verantwortung zu übernehmen. Durch Unverbindlichkeit in der Stellungnahme hält er sich alle Wege offen.

Obwohl er sich nach dem Verstand orientiert, ist er doch unsachlich, wenn es um die Durchsetzung seiner Interessen geht. Dabei fürchtet er sich vor Beeinflussung. Seine übertriebene Abwehrhaltung isoliert ihn von jeder Unterstützung. Er bildet sich ein, daß er völlig auf sich allein gestellt ist und die Welt um ihn herum nur aus Egoisten besteht. Dabei zieht er mit seinem Verhalten genau das an, was er eigentlich nur in seiner Vorstellung produziert. Selbstbewahrung und Selbstkontrolle sind ihm wichtig, aber dabei geht er zu unkritisch mit sich um. Diese Persönlichkeit ist nicht anpassungsbereit und kaum fähig zu Lob oder Anerkennung. Dagegen ist ihr Bedürfnis nach Selbstdarstellung groß. Alles macht dieser Mensch allein. Nichts läßt er sich sagen, aber auf der anderen Seite beklagt er sich, daß ihm niemand hilft und er alles allein tun muß. In diesem Sinn haben wir es mit einer innerlich gespaltenen Persönlichkeit zu tun, die es ablehnt, Nähe aufzubauen, Verbindlichkeit zu erleben oder Gemeinsamkeiten mitzutragen.

Sonderform

Linksschräg – stark geneigt (140 bis 180 Grad)

Dies ist ein Hinweis für eine starke Egozentrik – dies gilt auch für Handschriften von Frauen. Aus der egoistischen Grundhaltung ergibt sich Eifersucht. Der Schreiber ist aber selbst bindungsscheu und drückt sich vor Verantwortung. Es kann auch eine extreme Vergangenheits- oder Mutterabhängigkeit vorliegen.

Steil

Wer steil schreibt, hat als Persönlichkeit eine ebenso »steile« Haltung: gerade, deutlich, sichtbar, klar, aufrecht.

Dieser Mensch bemüht sich um Disziplin und Korrektheit, genauso wie er auch die Buchstaben senkrecht setzt und sich dabei exakt an eine engumgrenzte Vorgabe hält. Es gibt kein Umfallen nach links oder rechts. Alles ist zur Mitte hin ausgerichtet. Festigkeit, Treue und Verläßlichkeit sind herausragende Eigenschaften. In den Strömungen des Lebens bleibt er unbeirrbar. Er tut nichts, was er nicht wirklich wollte. In der Steilheit erkennt der Graphologe auch die Unbestechlichkeit und Objektivität einer um Souveränität bemühten Persönlichkeit.

Bei einem solchen Schreiber gibt es keine spontanen Entschlüsse. Alles will gut durchdacht sein. Die eigene Interessenslage hat der Schrifteigner stets im Blick. Abläufe werden verlangsamt, um Zeit für die richtige Entscheidung zu gewinnen.

Deutlich zeigt sich dem Schriftpsychologen eine charaktervolle Persönlichkeit. Sie kennt ihre Qualitäten und ist stolz darauf. In ihrer inneren Stärke produziert sie nach außen zwar eine gewisse Steifheit und Unbeweglichkeit, aber die rationale Sachlichkeit und Willensstärke geben ihr Kompetenz und Autorität.

Mit Aufrichtigkeit und Klarheit entsteht Integrität, die leitbildhaft ist. Diese Persönlichkeit legt Wert auf vornehm-zurückhaltenden Umgang. Für Kumpaneien ist sie nicht zu gewinnen. Ihr Maßstab des Handelns orientiert sich an allgemeingültigen Prinzipien. Es besteht Freude am Repräsentieren. Dazu gehört auch der Wunsch nach gesellschaftlicher Einflußnahme, die durch verantwortungsbewußtes Handeln begünstigt wird.

Bei der steilen Schrift ist noch anzumerken, daß man in Handschriften von Frauen oft erkennen kann, wie sich die Schrift von einer Linkslage aufrichtet und sich mit den Jahren zu einer steilen Schrift wandelt. Diese Schreiberinnen zeigen, daß sie sich nach Prinzipien der Emanzipation entwickeln. Sie stehen

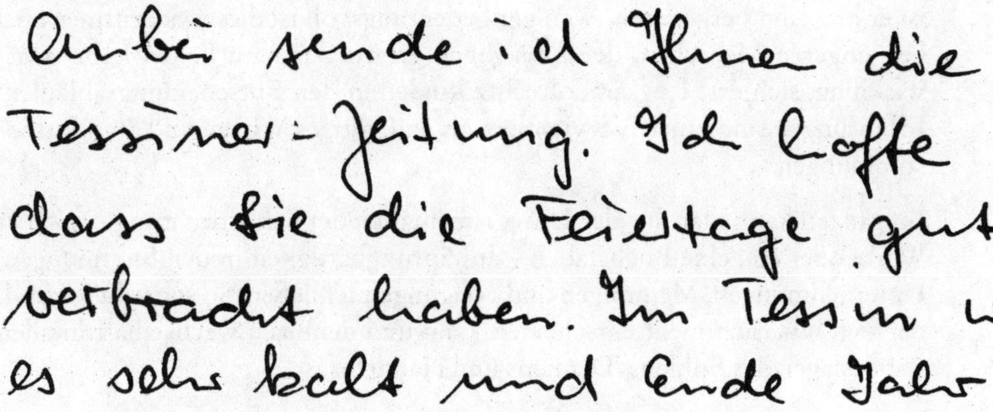

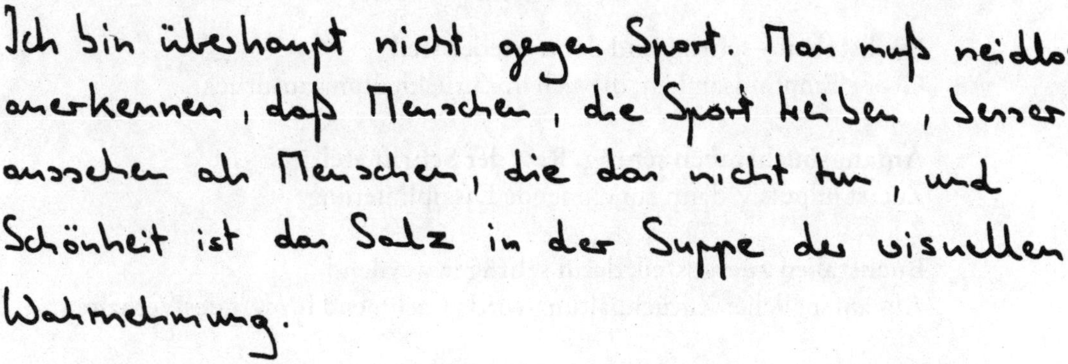

eigenständig im Leben. Mit Ehrgeiz behaupten sie sich in einer Welt, die noch immer durch männlich-hierarchische Strukturen bestimmt ist. Diese Frauen beanspruchen für sich gleichberechtigte Chancen in Beruf und Freizeit, wie sie die Männerwelt geboten bekommt. Wenn eine linksschräge Schrift steiler wird, ist das vergleichbar mit einer natürlich rechtsschrägen Schrift, die sich zu einer betont rechtsschrägen verändert. Es gelten dann verstärkt die Qualitäten, die im Graphologischen Kreuz (siehe S. 159) genannt sind.

Links-rechts-schwankend

Naheliegend ist: Schwankende Gefühle, ungeordnetes Denken. Der Schrifteigner weiß nicht, was er will – zumindest nicht zu dem Zeitpunkt, als er das Schriftstück produziert hat. Wenn jemand keine klare Meinung hat, dann ist er auch beeindruckbar. Vielleicht quält er sich seiner inneren Zerrissenheit wegen. Er weiß nicht, wohin er sich beispielsweise im Restaurant setzen soll, die Auswahl aus der Speisekarte fällt schwer, und am Schluß wird die Höhe des Trinkgelds zum Problem.

Der Schreiber lebt die Polarität voll aus. Heute ist er sicher und morgen unsicher, aktiv und passiv, heiter und traurig, beherrscht und emotional – in allem ist er hin- und hergerissen. Weniger bedeutungsvoll ist dieses Schriftmerkmal bei jüngeren Menschen, denn bei ihnen gehört zur natürlichen Lebensentwicklung, sich erst langsam zurechtzufinden in den Entscheidungsabläufen. Erfahrungen sind zunächst wichtiger als endgültiges Wissen und Standortbestimmungen.

Im ganzen kann man aus der Unregelmäßigkeit der Schriftrichtung – seien es Worte oder einzelne Buchstaben – auf Sprunghaftigkeit in den Stimmungen, Unternehmungen, Meinungen und Neigungen schließen. So schreibt jemand, der sich innerlich nicht entscheiden kann und demnach wechselhaft in allen Lebenslagen des Fühlens, Denkens und Handelns ist.

Sonderformen

Buchstaben – schräg und dann wieder steil
Große Empfindsamkeit, die sich in Zurückhaltung ausdrückt.

Anfangsbuchstaben schräg, Rest der Schrift steil
Zuerst impulsiv, dann zunehmende Disziplinierung.

Buchstaben zuerst steil, dann schräger werdend
Aus anfänglicher Zurückhaltung wird zunehmend forderndes Verhalten.

Schrift wird immer schräger
Zunehmende Disziplinlosigkeit.

Steile und schräge Wörter
Sensibilität und Impulsivität. Bei den schrägen Wörtern (Hauptworte) wird das besondere Engagement für diese Begriffe deutlich.

Schriftgröße

Eine Schrift wird als groß eingestuft, wenn die Kleinbuchstaben größer als 2,5 bis 3,0 Millimeter geformt werden. Man mißt am besten bei dem kleinen **a**, **o**, **e** oder **i** (ohne i-Punkt).

Eine kleine Schrift liegt vor, wenn diese Buchstaben kleiner als 2 bis 1,7 Millimeter geschrieben werden.

Extrem groß ist eine Schrift dann, wenn die Buchstaben der Mittelzone 4 bis 6 Millimeter und mehr erreichen.

Die *Größe* einer Schrift hat nicht nur mit der Höhe der Buchstaben zu tun, sondern auch mit der *Weite* und der *Tiefe*. Die Weite wird am kleinen **n** gemessen. Nach der erlernten Schriftvorlage bildet sich ein Quadrat, wenn man das **n** mit Linien umgrenzt:

Ergibt sich ein liegendes Rechteck, dann handelt es sich um eine weite Schrift. Ist das Rechteck jedoch stehend, dann ist die Schrift eng.

Die Tiefe einer Schrift bezieht sich auf den Druck, mit dem sie geschrieben ist (siehe dazu S. 118).

Bei einer großen Schrift sind mehr Muskeln im Einsatz. Finger und Hand bewegen sich mehr. Dafür braucht es mehr Energie. Demnach verfügt ein Mensch, der groß schreibt, über viel Energie und einer, der klein schreibt, über wenig Energie. Es liegt nahe, daraus zu definieren, wie aktiv oder passiv der Schreiber ist und welche Merkmale in seinem Persönlichkeitsbild besonders hervorgehoben sind.

Starke Energie:	*Schwache Energie:*
Risikobereitschaft	Prinzipientreue
Selbstvertrauen	Sicherheitsdenken
Optimismus	kritische Grundhaltung
Unternehmungsfreude	Zurückhaltung

Größe

Groß-sein hat mit Sichtbar-sein zu tun. Wer groß ist, wird auffallen. Wer sich absichtlich groß macht, braucht dazu ein gesundes Selbstbewußtsein. Eine große Schrift signalisiert, daß der Schreiber sich nicht versteckt, sondern deutlich zum Ausdruck bringt, daß er überzeugt ist von dem, was er schreibt. Er steht dazu und identifiziert sich mit seiner ganzen Persönlichkeit. Außerdem ist ihm die Sache wichtig: Er schreibt sie groß und für alle sichtbar. Mit Schwung und Tatkraft macht er sich an seine Aufgaben heran. Er formt die Buchstaben deutlich aus, was bedeutet, daß er nichts übersieht und sich auch den Details aufmerksam widmet.

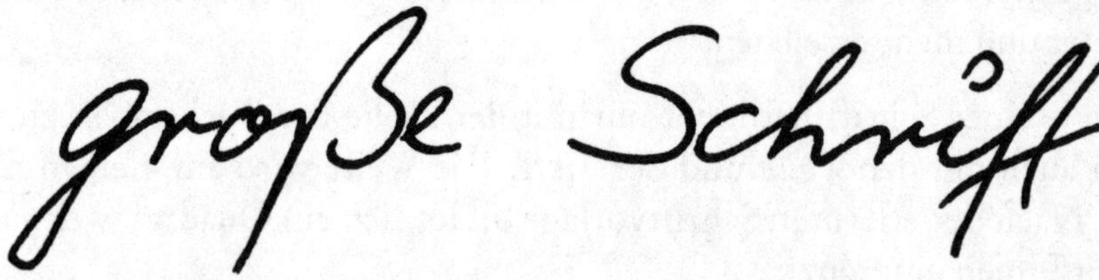

Verstand und Wille

Die große Schrift verweist auf eine Persönlichkeit, die von einer Sache begeistert ist und auch andere dafür gewinnen möchte. Mit Überzeugungskraft und klaren Argumenten wird sie dafür werben. Aktiv und ideenvoll werden Vorhaben umgesetzt. Sie beansprucht für sich, daß man sie ernst nimmt, auf sie hört und ihre Richtlinien befolgt. Die Ich-Betonung ist ausgeprägt und geht einher mit einem starken Selbstwertgefühl. Expansives Verhalten und vielleicht auch der Wunsch nach Selbstdarstellung gehören dazu, wie wahrscheinlich auch eine besondere Gepflegtheit mit einer leichten Neigung zum Eitlen.

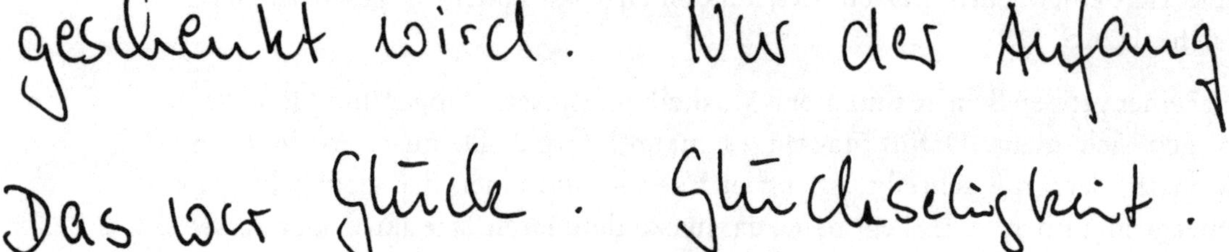

Es fehlt diesem Menschen an Selbstkritik, dafür hat er aber viel Optimismus und überschätzt sich vielleicht sogar. Auf jeden Fall traut sich der Schreiber viel zu und ist bereit, Verantwortung zu übernehmen. Er sieht überall Chancen, seine Ideen zu realisieren. Deshalb wagt er auch das Unmögliche. Er braucht Unabhängigkeit und Entscheidungsfreiheit.

Emotionales und soziales Verhalten

Die große Schrift gehört zu einem begeisterungsfähigen und feinfühligen Menschen, der heiter, manchmal auch laut und überschwenglich zeigt, wie sehr er sich am Leben und seinen Möglichkeiten erfreut. Es mag manches an ihm aufgesetzt erscheinen, aber er ist immer bereit, großzügig und freigebig mit anderen umzugehen. Er zögert nicht lange, sondern handelt. Man weiß bei ihm, woran man ist.

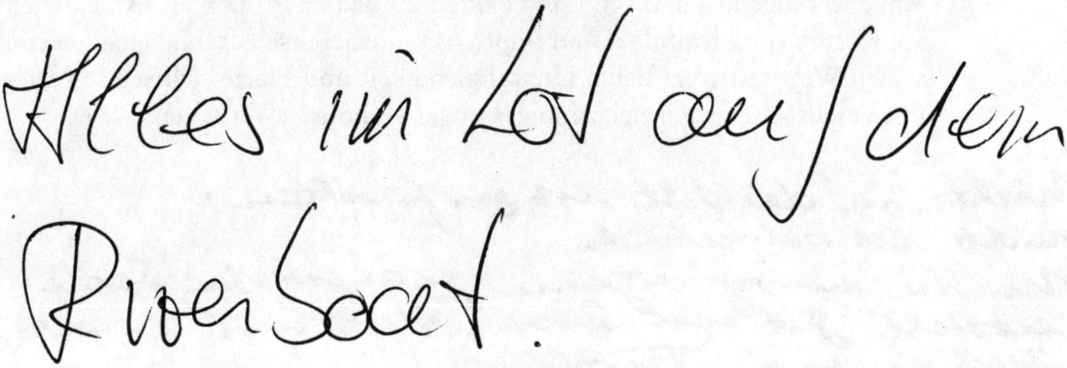

Sonderformen

Buchstaben – unterschiedlich groß

Unsicherheit stört sporadisch das Selbstvertrauen.

Buchstaben – kleiner werdend

Wenn in den einzelnen Wörtern die Buchstaben nach hinten kleiner werden, spricht man von nachlassender Energie. Vermutlich steigt der Schreiber mit zuviel Schwung in seine Aufgaben ein. Zum Ende hin lassen die Kräfte nach, vielleicht, weil er sich zu früh verausgabt.

Kleinheit

Mit wenig Muskeleinsatz und Bewegung wird dennoch viel getan. Der Schreibfluß ist zwar schnell und fleißig, aber der Schreiber spart aus einem Instinkt heraus seine Kraft auf und hütet seine Energien sorgsam. Hier ist trotzdem zu klären, ob der Schrifteigner zäh und ausdauernd ist oder ob ihm Antriebsenergie fehlt.

In der Regel bezieht sich eine kleine Schrift auf ein kleines Selbstbewußtsein. Gerade die Übertreibung zum Kleinen hin ist ein Kriterium für Minderwertigkeitsgefühle oder Pedanterie.

Verstand und Wille

Überwiegt bei einem Schreiber mit großer Schrift eher das Gemüthafte, so ist es bei der kleinen Schrift mehr der Verstand. Der Schreiber ist konzentrationsstark, umsichtig und überlegt. Er übersieht nichts, alles wird kritisch-distanziert beobachtet. Was zählt, ist die Kraft der Argumente. Seine Gedankengänge bauen sich folgerichtig auf, deshalb ist logisches Denken für ihn ein Muß. Realistische Grundhaltung und Sachlichkeit bestimmen sein Verhalten. Am überzeugendsten für ihn sind Fakten. Er hält an Prinzipien fest. Das geht auf Kosten von Flexibilität und Improvisationsbereitschaft. Hier geht jemand seinen Weg und zeigt dabei Unnachgiebigkeit und Härte sich selbst gegenüber, nicht selten auch eigensinniges, sogar verbohrtes Verhalten.

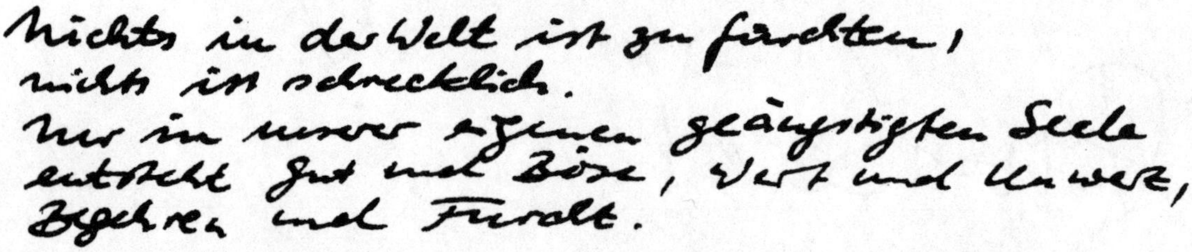

Emotionales und soziales Verhalten

Der Schreiber einer kleinen Schrift bringt wenig Begeisterung auf. Er wirkt unterkühlt und verzögert. Eher ängstlich als mutig wartet er erst einmal ab, was geschieht, bevor er handelt. Er ist sensibel und empfindsam und achtet auf die kleinsten Regungen. So freut er sich an den kleinen, unscheinbaren Dingen des Lebens, und oft genügt schon weniges, um ihn zu beeindrucken. Im Umgang mit anderen Menschen ist er jedoch verschlossen. Seine Leidenschaftslosigkeit läßt ihn teilnahmslos erscheinen. Er hält sich heraus aus Erlebnissen und zeigt sich allem Spontanen gegenüber distanziert. Dadurch hat dieser Schreiber etwas Unlebendiges an sich. Für andere Menschen kann es langweilig und mühsam sein, etwas mit ihm zu unternehmen. Dabei ist er sicher sehr taktvoll und bleibt eher bescheiden im Hintergrund. Er kann gut mit sich allein sein, ist aber durchaus auch kooperativ und teamfähig.

Dennoch bleibt der Eindruck, daß der Schreibende ein zu demütiges, untergeordnetes Verhalten hat. Er ist autoritätsgläubig – trotz allen Eigensinns. Für Führungsaufgaben ist er wenig geeignet. Er ist mehr der Gefolgstyp mit Pflichttreue und Ausdauer, vor allem bei komplizierten Tätigkeiten. Mit allem geht diese Persönlichkeit sparsam und ökonomisch um.

Aufgabe

Diese Menschen sollten es wagen, mehr aus der Deckung zu kommen. Das gelingt allerdings nur dort, wo die eigenen Stärken liegen. Es bringt auch Erfolgserlebnisse, das zu tun, was man gut kann. Wünschenswert ist auch der Mut, auf andere Menschen mehr und direkter zuzugehen. Eine Einladung, kleine Geschenke, anerkennende Worte sind die besten Türöffner. Nicht so sehr festhalten an Kleinigkeiten, sondern großzügiger werden – das wird zum Lernziel für die Lebensphase, in der jemand besonders klein schreibt.

Sonderformen

Kleinheit mit großen Anfangsbuchstaben

Innere Bescheidenheit und mangelndes Selbstvertrauen werden überdeckt durch aufgesetzte Großspurigkeit. Auf den ersten Blick wirkt der Schrifteigner selbstbewußt und souverän. Je mehr man ihn jedoch kennenlernt, desto mehr Unsicherheiten tun sich auf.

Kleinheit – extrem

Hier zeigt sich eine neurotische Störung des Selbstbewußtseins. Der Schreiber ist verbohrt und engstirnig.

Kleinheit – nach hinten abnehmend

Wenn die Buchstaben in den Wörtern oder ganzen Zeilen nach hinten kleiner werden, weist dies auf Schärfe des Denkens und Beurteilungsvermögen hin. Bei unharmonischer Schrift mag auch Raffinesse und Berechnung im Spiel sein. Diese Merkmale lassen zudem auf abnehmende Vitalität und Niedergeschlagenheit schließen.

Weite

Die nach rechts gezogene Schrift zeigt die rasche Bewegung beim Schreibakt. Dies ist typisch für eine Persönlichkeit, die rasch vorankommen möchte. Sie hat keine Zeit, sich mit Kleinigkeiten aufzuhalten. Ein großes Ziel vor Augen weiß sie, daß es nur dann zu erreichen ist, wenn sie alle Kräfte zusammenfaßt.

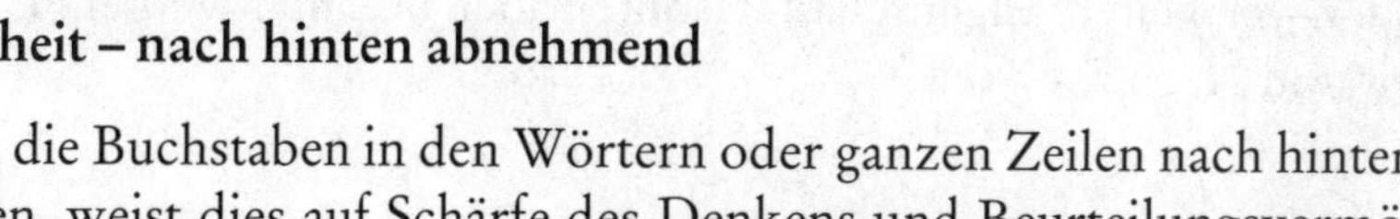

In dieser Schrift drückt sich großer Ehrgeiz aus. Fortschritt ist dieser Persönlichkeit wichtiger als alles andere. Sie ergreift die Initiative und drängt auf rasche Umsetzung. Hier stellt sich ein Mensch dar, der mit großer Interessiertheit in die Welt hinausgeht und dessen Devise lautet: Alles kennenlernen.

Verstand und Wille

Mit großer Kontaktbereitschaft und Verständnisfähigkeit widmet sich diese Persönlichkeit anderen Menschen: Sie zeigt sich offen, natürlich und unverstellt. Ehrlichkeit und Direktheit in der Meinungsäußerung zeichnen sie aus. Ihre Aufnahmebereitschaft und Lernfähigkeit sprechen für einen weiten geistigen Horizont und eine umfassende Allgemeinbildung. Sie ist entscheidungsbereit, strebt nach Autonomie und braucht geistige Unabhängigkeit. Expansive Tendenzen gehören zum Persönlichkeitsbild ebenso wie Lebensfreude und Großzügigkeit.

Mit Weitblick macht sie sich an ihre Aufgaben. Ideenfülle und originelles Verhalten sind die Grundlagen für ihr schöpferisches Denken. Unternehmungsfroh und forsch packt sie auch schwierige Arbeiten an, weil sie mit ihrem Selbstvertrauen weiß, daß sie durchsetzt, was sie sich in den Kopf gesetzt hat.

Manchmal werden die Kräfte nicht gut eingeteilt, sondern im Übereifer schnell versprüht. Dann kommt es zu Oberflächlichkeiten: Wichtiges wird vergessen, oder Nervosität tritt auf, die in Gereiztheit umschlägt. Bei einer weiten Schrift ist es ratsam, besonders auf Entgleisungen zu achten. Anzeichen finden sich in Verschwendung, Zügellosigkeit, Unbeherrschtheit oder Ungeduld. Zwei weitere Eigenschaften sollten auch beachtet werden: Unvorsichtigkeit und Nachlässigkeit.

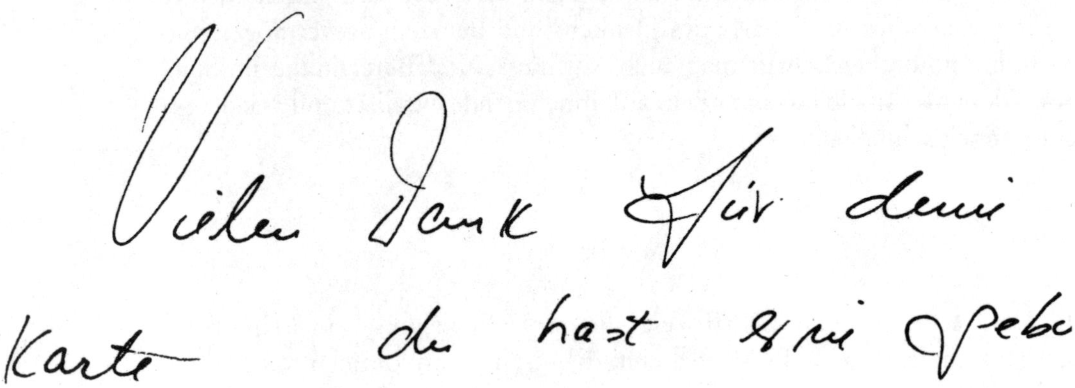

Emotionales und soziales Verhalten

Toleranz, Großmut und Großzügigkeit sind herausragende Elemente im Charakterbild des Schreibers. Er lebt in zwangloser Geselligkeit auf und erweist sich in der Kommunikation als vertrauenswürdig. Problematisch könnte manchmal sein, daß er sich nur schwer festlegen läßt. Bei übertriebener Weite in der Schrift läßt sich im Charakterbild eine gewisse Distanzlosigkeit und Hemdsärmeligkeit feststellen. Kritische Eigenschaften sind auch Maßlosigkeit und Angeberei. Je weiter die Schrift gezogen ist und je unharmonischer auch andere Merkmale sind, desto mehr wird man bei dem Schreiber eine Neigung zur Selbstvergessenheit, Eitelkeit und Unüberlegtheit finden. Er möchte zu sehr im Mittelpunkt stehen und vergißt aus Eigenliebe die Welt um sich herum.

Bei harmonischer Schrift stellt der Graphologe ein gutes Gedächtnis und Spontaneität fest. Kultiviertheit, Geschmack, Ästhetik und brillante Intelligenz sind weitere Elemente einer Persönlichkeit, die Weite in ihre Schrift legt.

Aufgabe

Die große Begeisterungsfähigkeit und das starke Selbstbewußtsein verleiten diesen Menschen allzu leicht, seine Kräfte zu überschätzen oder sich vorschnell auf Unternehmungen einzulassen. Hier gilt es zu lernen, die Gegebenheiten realistisch einzuschätzen. Übertriebener Selbstanspruch wird von den Mitmenschen als Arroganz oder Selbstgefälligkeit abgetan. Sich bewußt zurückzunehmen und andere in den Vordergrund treten zu lassen wird zu einer erstrebenswerten Tugend.

Sonderform

Weite – gestreckte Buchstaben und Wörter

Die weitspurige Schrift schildert eine Persönlichkeit, der in ihrem Leben Ausgewogenheit, Augenmaß und Taktgefühl verlorengegangen sind. Ich-Sucht, Allmachtsgefühle und Imponiergehabe treten an deren Stelle und produzieren Widerstände im sozialen Umfeld.

Enge

Stürmt die weite Schrift geradezu nach vorne, so verharrt die enge Schrift scheinbar auf der Stelle. Dieses Merkmal deutet auf Beharrlichkeit und einen Drang zum Festhalten hin. Ähnlich wie bei der Kleinheit signalisiert die enge Schrift eine Gehemmtheit dieses Menschen auf allen Ebenen. Fast immer liegen innere Konflikte vor. In Beziehungen zeigt sich der Schrifteigner als

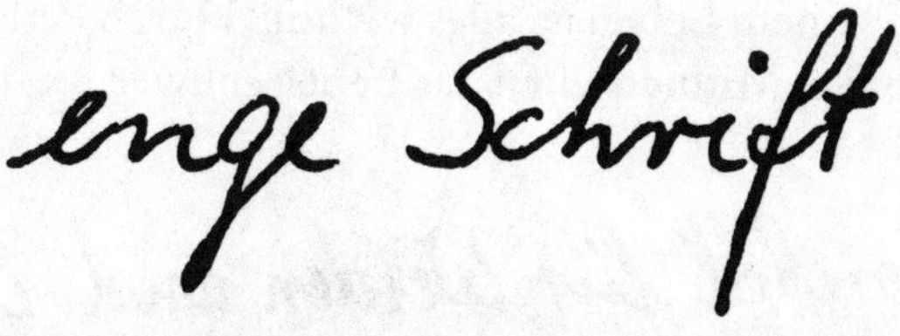

schwieriger Partner. Er überträgt seine eigenen Unsicherheiten in die Partnerschaft und produziert Mißtrauen, unter dem das Du zu leiden hat. Eine enge Schrift bildet sich jedoch nicht von einem Tag auf den anderen aus, sondern im Laufe eines ganzen Lebens, in dem ein Mensch durch harte Erziehung oder andere Lebensereignisse in seiner Persönlichkeit stark eingeengt wurde. Schließlich hat sich dieser Mensch in sich zurückgezogen. Er ist mit sich im unklaren und seine übertriebene Selbstkritik trägt selbstzerstörerische Züge. Die quälende Unzufriedenheit kann so groß werden, daß der Mensch in einer neurotischen Hochspannung lebt. Wie weit man in der Diagnose gehen muß, zeigt sich aus dem Grad der Schriftenge.

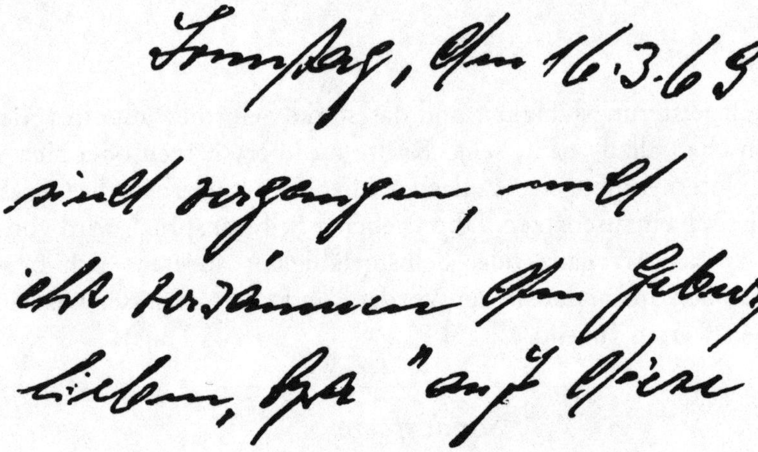

Verstand und Wille

Eingegrenztes Denken führt in die Eigensinnigkeit – in diesem Sinn kann sich der Schreiber nicht von seinen Fixierungen freimachen. Allerdings ist er stets hochkonzentriert. Wenn er sich zu etwas äußert, dann geschieht es überlegt und sehr verdichtet. Seine Skepsis läßt ihn unnötige Fehler vermeiden. Er prüft, bevor er handelt. Sicherlich hat man es bei einer engen Schrift mit einer Persönlichkeit zu tun, die dogmatisch ihre Sache vertritt und sich von niemandem dreinreden läßt. Andererseits nimmt dieser Schreiber seine Aufgaben sehr ernst, er kennt sich aus bis zum i-Tüpfelchen. Ein Spezialist ist am Werk, der manchmal zu Einseitigkeiten neigt, die seine Umwelt als Verbohrtheit wahrnimmt.

Asketisch unterdrückt er die eigenen Bedürfnisse, wenn es um die Sache geht. Streng und kontrolliert, auch mit viel Selbstdisziplin, widmet er sich dem Wichtigen – und in seinem Leben ist alles wichtig. Durch Pedanterie und Egozentrik macht er seinen Mitmenschen das Leben schwer.

Wie dieser Schreiber seine eigenen Wünsche bei sich unterdrückt, so erwartet er auch von anderen, daß sie alles liegen- und stehenlassen, wenn er Aufmerksamkeit für eine Sache verlangt. Diese Persönlichkeit legt großen Wert auf materiellen Wohlstand, weil sie darin ihr übersteigertes Sicherheitsbedürfnis befriedigt. Ausgeprägt ist die mathematische und auch kaufmännische Begabung. Ökonomisches Denken und Planen zählen ebenso zu ihren Stärken wie Gewissenhaftigkeit und absolute Zuverlässigkeit.

Emotionales und soziales Verhalten

Das starke Sicherheitsverlangen des Schreibers verzögert alles. Manchmal zaudernd, manchmal ängstlich wird nach allen Seiten abgesichert. Nicht selten kommt auch Schüchternheit oder eine Bescheidenheit hinzu, die schon an geizige Kargheit grenzt. Nur nicht auffallen! Deshalb ist dieser Mensch konventional angelegt. Er achtet bei sich und anderen auf gute Manieren, meist geht er auf Distanz. In Gesellschaft ist er eher schweigsam-beobachtend. Seine Devise: Im Hintergrund bleiben und sich keine Blöße geben.

Er beurteilt Menschen oder das, was sie sagen, zu streng und unnachgiebig. Dabei fällt es ihm schwer, von seinen Vorurteilen abzurücken. Der Schreiber wirkt humorlos und trocken. Ihm fehlt es an Zivilcourage.

Aufgabe

Wünschenswert wäre, daß diese Persönlichkeit lernt, andere auch gelten zu lassen und sich freiwillig von ihren unerschütterlichen Standpunkten wegzubewegen. Mehr Toleranz ist gefordert. Dadurch verschwinden die Probleme, die sich bei diesem Menschen aus Einsamkeit, Isolation und Verweigerung ergeben.

Sonderform

Enge und weite Schrift wechseln sich ab

Hier liegt eine Zielunsicherheit vor. Der Schreiber weiß nicht, was er will. Außerdem ist er mal eigensinnig und kleinlich, dann wieder weltoffen und großzügig. Man findet sich bei ihm schlecht zurecht, denn er hat etwas Unberechenbares. Dies macht sein Verhalten in der Partnerschaft oder im Team schwierig. Er sollte lernen, diese Muster zu durchbrechen und sich dauerhaft in mehr Flexibilität zu üben.

Buchstabe und Raum

Das Schreiben eines Buchstaben bewegt sich in drei Zonen:

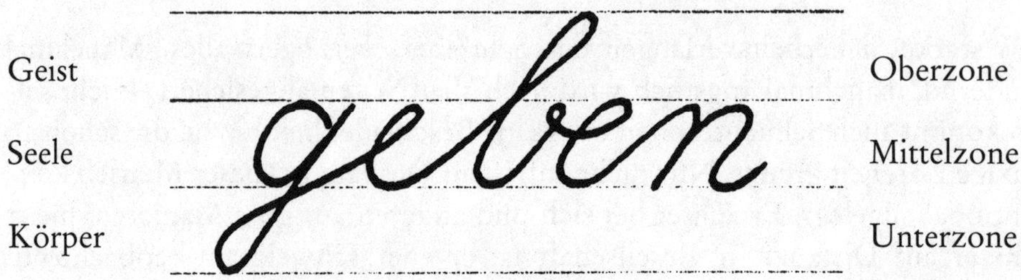

Diese Schreibzonen symbolisieren wie ein Mikrokosmos den Raum, in dem sich der Mensch bewegt und auf den sich sein Leben bezieht. Die lebenspendende Sonne befindet sich oben. Die Erde und damit die Materie ist unten. Zwischen diesen Polen schwingt der Mensch.

May your travels be with ease and relaxation. Please stay in touch,

Love you,

Unterzone

Wie schon erwähnt, wird die Unterzone mit der materiellen Ebene verbunden. Dementsprechend ist ihr der Körper mit allen sinnenhaften Bedürfnissen ebenso zugeordnet wie Geld, Grund und Boden. Im Erdhaften und Bodenständigen sucht der Mensch sich zu verwurzeln, um sich größtmögliche Sicherheit zu verschaffen. In die Unterzone gehört alles, was die Erlebnisfähigkeit in der sichtbaren Welt betrifft. Die Unterzone regiert das Gesetz von Geben und Nehmen. Alle Antriebskräfte werden hier gebündelt, um Besitz anzuhäufen. Ausgeprägte Schreibformen in der Unterzone lassen Rückschlüsse darauf zu, wie wichtig dem Schreibenden Struktur und Form sind. Für ihn zählt, was konkret und greifbar ist. Er glaubt nur, was er sieht. Mit allen fünf Sinnen will er die Ergebnisse seiner Unternehmungen erfassen. Die Unterzone weist den Genießenden, Lebenshungrigen und auch den Lebenskünstler aus.

with this new living

kommen konnten, vor allem

langen Wiesenstreifen,

gebäude, gab es eine

die der höchste Punkt

Und keine Zeit und keine

Nacht zerstückelt

Mittelzone

Die Kleinbuchstaben, die keine Oberlänge und keine Unterlänge haben, sondern nur in der Mittelzone angelegt sind, symbolisieren den Menschen in seinem täglichen Umfeld. Ohne Hingabe ist keine besondere Leistung möglich. Die Ausformung dieser Kleinbuchstaben ohne Längen nach oben oder unten zeigen den Menschen in seiner Echtheit. Das Unvorstellbare wird offengelegt. Wie wichtig nimmt er seine Lebenspflicht? Wie trägt er Verantwortung, und wie erfüllt er seine Verpflichtungen? In den Buchstaben der Mittelzone findet die Intensität des Lebens und die Ernsthaftigkeit ihren Ausdruck, mit der sich ein Mensch den Gegebenheiten stellt und sich »hindurchträgt«. »Man soll alles tun wie einen Gottesdienst.« In diesem Wort spiegelt sich die Mittelzone, die aussagt, inwieweit der Mensch fähig ist, seinen Tag zu beseelen.

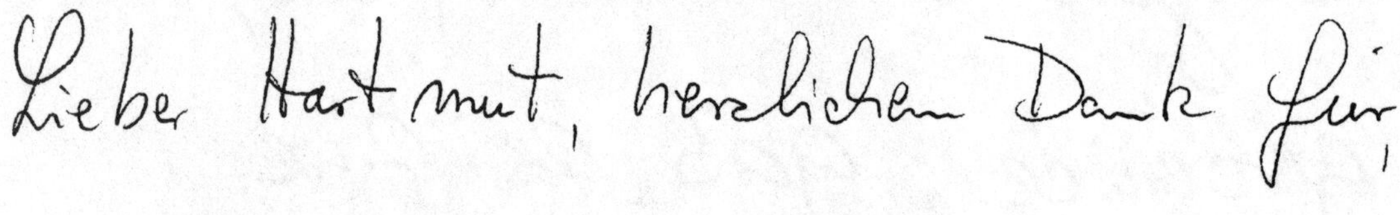

Oberzone

»Alles Gute kommt von oben«, sagt man und meint damit auch, daß in einer bildhaften Analogie der Himmel und die guten Kräfte »oben« angesiedelt sind. Der Mensch strebt nach »Höherem«. Die Oberzone in der Handschrift wird in dieser Symbolik verbunden mit allem Geistigen, Ideellen und Phantasievollen. Zugerechnet wird ihr auch alles, was mit dem Streben des Menschen zu tun hat. Hier zeigt sich der Drang, voranzukommen und etwas aus sich zu machen. Was sind die Ziele eines Menschen? Mit welcher Kraft und mit wieviel Ehrgeiz versucht er, seine Pläne zu realisieren? Schließlich wird die Oberzone auch in Verbindung gebracht mit Dominanzverhalten, Selbstbewußtsein und Unabhängigkeitsbedürfnis.

Längenunterschiede

Um Längenunterschiede belegen zu können, braucht der Graphologe eine klare Richtlinie für die Meßverhältnisse. In der Regel sind die drei Zonen (Ober-, Mittel- und Unterzone) gleich groß, das heißt, bei einem kleinen **d** ist der Aufstrich in der Oberzone etwa so lang wie die Rundung in der Mittelzone hoch ist. Das gleiche gilt nach unten, beispielsweise beim kleinen **g**. Wenn vom Schreiber eine der drei Zonen so vergrößert beziehungsweise verlängert wird, daß ein Mißverhältnis entsteht, dann liegt ein Längenunterschied vor. Dann muß definiert werden, ob die Ober-, Mittel- oder Unterzone diesen Längenunterschied auslöst.

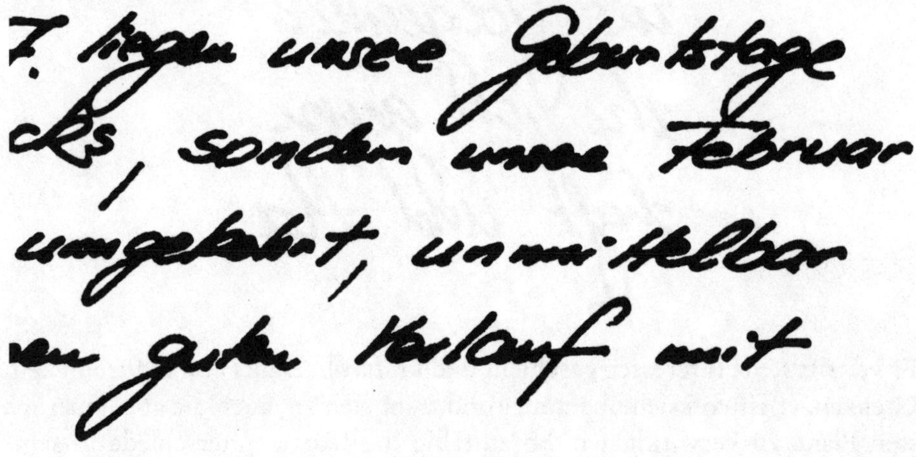

Große Längenunterschiede

Längenunterschiede entstehen aus einem Bewegungsimpuls heraus. Dieser hat wiederum seinen Ursprung in einem psychischen Zustand. Im allgemeinen gilt bei einem Schrifteigner, der deutliche Längenunterschiede beim Schreiben setzt, daß er nicht ausgewogen ist. Die impulsive Überbetonung einer Zone zeigt, daß er aus seiner Situation ausbrechen möchte. Er sucht neue Perspektiven, und zwar in der Region, die durch die Zone bestimmt wird. Eine überbetonte Länge in die Unterzone hinein gibt beispielsweise eine Information über den Wunsch nach materieller Absicherung, Besitzstreben oder mehr körperbetonter Lebensweise (Sport, Sexualität, Genuß).

Der Längenunterschied signalisiert immer einen Mangel an Stabilität. Der Schreiber läßt sich schnell auf Unternehmungen ein, die ihm mehr Zufriedenheit versprechen. Dabei verliert er die Balance, wie auch sein Schriftbild in eine Zone hinein abdriftet. Es zieht ihn aus seiner Mitte heraus, und es besteht die Tendenz, in eine Richtung abzudriften, die ihm und seinem Wesen nicht entspricht.

Verstand und Wille

Dieser Mensch ist mit Schwung bei der Sache. Er setzt sich in Szene. Dort, wo es ihm wichtig ist, kennt er in seinem Geltungsbedürfnis und seinem Leistungsdrang keine Grenzen. Er mobilisiert alle Reserven. Erobernde Energien stecken in ihm, aus allem will er mehr machen. Fortschritt und Expansion sind Leitworte in einer Lebensphase, in der Längenunterschiede betont werden. Dieser Mensch kann den Hals oft nicht voll genug bekommen. Von der Aktionslust überrollt, kann er manchmal rücksichtslos davonpreschen – nur um das zu erreichen, was ihm als Ziel vorschwebt.

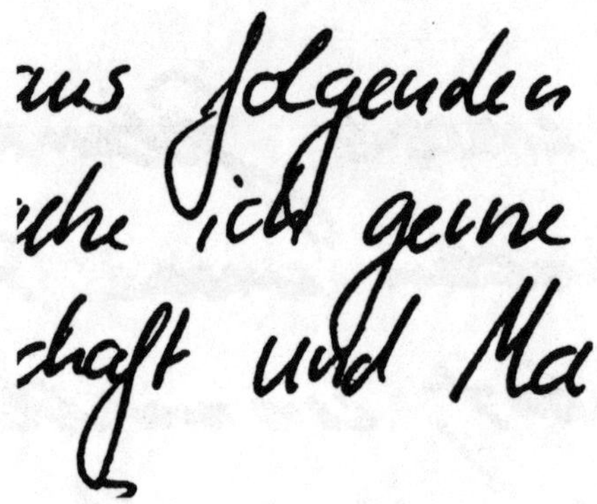

Er vertritt seine Interessen geschickt und kraftvoll. Dabei gibt es für ihn keine Grenzen, er ist von sich überzeugt und traut sich zu, auch die abenteuerlichsten Pläne zu verwirklichen. So auffällig die Längenunterschiede in seiner Handschrift sind, so besonders möchte er sich auch im Umgang mit anderen Menschen profilieren. Er braucht viel Anerkennung von Vorgesetzten, Kollegen, Freunden und Angehörigen. Dies spornt ihn zu noch größerer Leistung an. Der Schrifteigner ist an seinem Arbeitsplatz sehr belastbar. Beruflicher Erfolg ist für ihn die Voraussetzung zu gesellschaftlicher Akzeptanz. Manchmal will er zuviel und hat dann die Tendenz, sich in eine Arbeitswut hineinzusteigern.

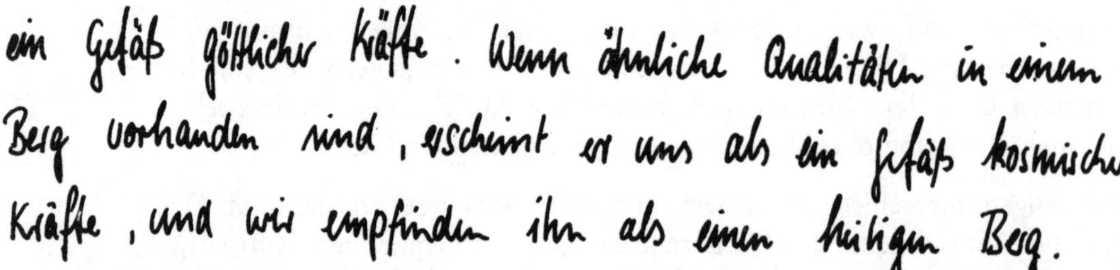

Emotionales und soziales Verhalten

Seine Überlegenheit zeigt der Schreiber in wohlwollend-gütiger Haltung. Er geht auf die Menschen zu und sucht die Kommunikation. Sein Temperament ist bemerkenswert. Mit Phantasie malt er sich seine Tage aus. Er kann schön erzählen, bei bestimmten Themen ist er mit viel Idealismus dabei. Wenn jemand in Not ist, zeigt er sich zu jeder Tages- und Nachtzeit hilfsbereit. Oftmals wird er für andere zum Friedensstifter und engagiert sich auch in anderen Bereichen sehr. In Liebesdingen ist er unheilbar romantisch, und seine Vorstellungen sind manchmal überzogen.

Kleine Längenunterschiede

Wenn die Ober- oder Unterlängen nur noch halb so lang sind wie die Mittelbuchstaben – oder kürzer –, handelt es sich um kleine Längenunterschiede. Der Schreiber bewegt seine Hand nicht viel. Er bleibt bei sich. So schreibt eine Persönlichkeit, die fest in ihrer Wesensmitte verankert ist. Sie läßt sich nicht so leicht aus der Bahn werfen. Sicher ist die Impulsivität gemindert, aber dafür ist die Lebenshaltung um so ausgewogener. Schreibende mit nur kleinen Längenunterschieden in ihrer Handschrift zeigen, daß sie gegen nichts und niemanden im Widerstand sind. Sie sind friedfertig, vielleicht etwas phlegmatisch, aber im ganzen entspannt. Die ausgeglichene Gemütsverfassung bringt Sympathien. Diese Menschen verstehen es, die Dinge zu relativieren und emotional nichts an sich herankommen zu lassen, was ihre Harmonie stören könnte.

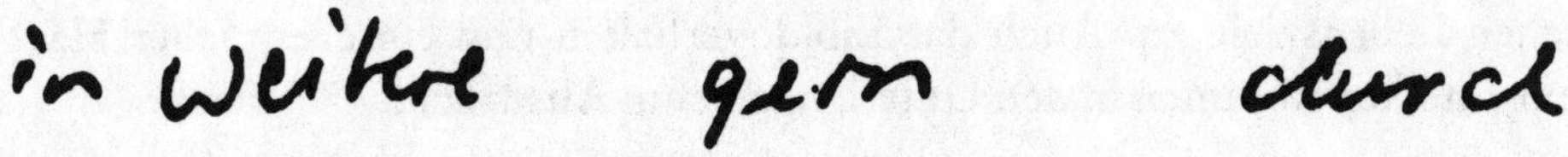

Allerdings steckt in dieser Lebensphilosophie auch viel Passivität. Wer sich nicht engagieren will, der wird in der Welt auch nichts bewegen. Zwischen kluger Distanzierung und Gleichgültigkeit liegt nur ein schmaler Grat. Welche Haltung der Schrifteigner wirklich einnimmt, muß der Schriftpsychologe anhand anderer Kriterien klären, wie beispielsweise der Verbundenheit oder der Schriftlage.

Verstand und Wille

Vernunft und Besonnenheit bestimmen das Handeln des Schreibers. Er überdenkt seine Entscheidungen gründlich und ist gut organisiert. Weil er sich nicht unter Stress setzen läßt und immer gelassen wirkt, findet er zu objektiven Beurteilungen. Sicher gehört er mehr zu traditionsbewußten, konservativen Gruppierungen. Modernität und Trends interessieren ihn weniger als Solidität und Qualität. Er ist beständig und geduldig und will nie mehr, als er leisten kann. Allein seine Bequemlichkeit sorgt dafür, daß er sich nicht überanstrengt.

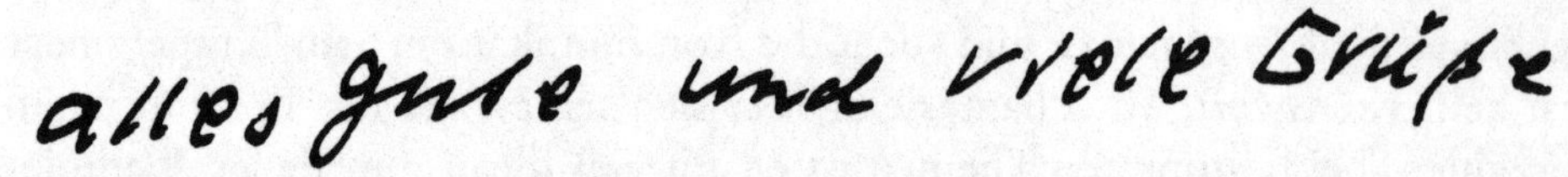

Emotionales und soziales Verhalten

Versöhnlichkeit und Friedfertigkeit gehören zu den grundlegenden Eigenschaften dieser Persönlichkeit. Dieser Mensch drängt sich zwar nicht danach, vermittelnde Aufgaben zu übernehmen, wenn es aber geschieht, zeichnet er sich aus durch Umsicht, Gerechtigkeit, Fairneß und das Geschick, unterschiedliche Auffassungen auf einen gemeinsamen Nenner zu bringen. Der Schrifteigner sieht mit dem Herzen oder folgt seiner inneren Stimme. Wahr ist für ihn, wovon sein Herz überzeugt ist. Verständnisbereitschaft und Güte sind weitere Charakterzüge dieses stets um Gemeinsamkeit bemühten Schrifteigners, der auch ein Meister im Zuhören ist.

Wie Wurzeln bohren sich die Unterlängen in die Unterzone. Der Erde ähnlich symbolisiert die Unterzone die Materie, den Körper und alles, was der Mensch braucht, um sein irdisches Dasein auszufüllen. Gemeint sind alle Bedürfnisse, die leibliche Existenz zu sichern und sich an ihr zu erfreuen. Die Unterlängen stehen mit Besitzstreben und Lebensgenuß in Verbindung. Je nachdem, welche Gewichtung die Unterlängen in der Schriftoptik haben, wird deutlich, wie stark ein Mensch sich nach dem materiellen Leben orientiert. Dies läßt Rückschlüsse auf seine finanziellen Ansprüche und egoistischen Lebensziele zu. Auch das Libidoverhalten und ein eventueller Hang zur Eitelkeit kommen in den Unterlängen zum Ausdruck.

Unterlängen – verstärkt

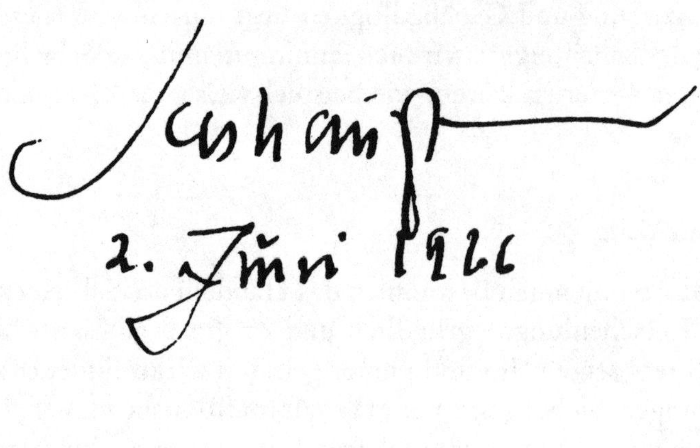

Verstand und Wille

Konkret und greifbar müssen Dinge sein, die einen Schrifteigner mit betonten Unterlängen beeindrucken sollen. Er sieht die Dinge des Lebens von der praktischen Seite. Wenn er nach materiellem Besitz strebt, dann aus einem großen Sicherheitsbedürfnis heraus. Mit seiner realistischen Einstellung sieht er die Wirklichkeit, wie sie ist. Seine Ziele werden sich immer danach ausrichten, was ihm eine Sache bringt und ob der Aufwand in einem adäquaten Verhältnis zum Ergebnis steht. Bei diesem Menschen findet man häufig eine pragmatisch-technokratische Grundhaltung. Standfest verfolgt er das, was ihm wichtig ist. Er läßt nicht locker, bis er sein Ziel erreicht hat. Die dazu nötige Standfestigkeit ist vorhanden, sie läßt allerdings auch keine große Beweglichkeit aufkommen.

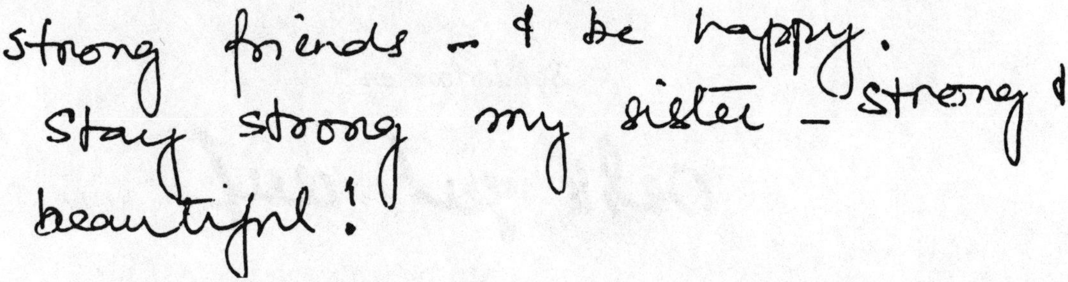

Emotionales und soziales Verhalten

Der Schreiber hält Traditionen hoch und besitzt meist auch eine Vorliebe für Historisches. Die Familie ist ihm wichtig, und er übernimmt Verantwortung für sein soziales Umfeld. Dieser Mensch pflegt seine Beziehungen und widmet sich mit Fürsorge den Menschen, die für ihn wichtig sind. Er ist solide und im Innersten auch treu. Um sich herum braucht er feste Größen, um sich sicher und geborgen zu fühlen. Solide und mit Qualität erfüllt er seine Aufgaben. Er ist ständig bemüht, Menschen um sich zu versammeln, mit denen eine gewisse Vertrautheit möglich ist.

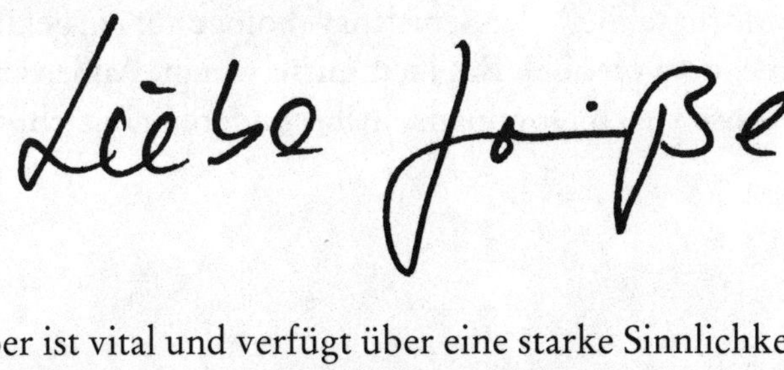

Der Schreiber ist vital und verfügt über eine starke Sinnlichkeit. Je nach Ausformung zeigen sich eine starke Libido und Körperorientierung, was auch zu einer übertriebenen Körperbeachtung führen kann. Es ist dann nur noch ein kleiner Schritt zu Eitelkeit und Manieriertheit. Lebenslust und die Neigung, das Leben ganz auszuschöpfen, sind ebenso zu beobachten wie starke Antriebskraft und Selbstbewußtsein.

Aufgabe

Bei zu starker Überlängenbetonung wird deutlich, daß die Persönlichkeit auf materielle Absicherung fixiert ist. Es zählt nur, was zu konkret sichtbaren Ergebnissen führt. Für Empfindungen und seelische Belange hat sie nicht viel übrig. Überzeugend ist allein, was belegbar, meß- und beweisbar ist. Folglich wird es zur Aufgabe, die Gefühlsebenen zu aktivieren, um zu einer ganzheitlichen Beurteilung des Lebens zu kommen. Diese Persönlichkeit hat nicht nur zu lernen, mit dem Kopf zu denken, sondern auch, mit dem Herzen zu sehen.

Bei übertriebenen Neigungen zu Körperlichkeit und Sexualität geht es für den Schreibenden darum, rücksichtsvollere Du-Beziehungen aufzubauen. Eigenliebe und Eigennutz sind Konfliktpunkte, an denen Sympathie und Gemeinsamkeit zerbrechen können.

Sonderformen

Unterschleifen – kurz

Dies ist ein Zeichen für materielle oder erotische Bedürfnisse, die sich nicht erfüllt haben.

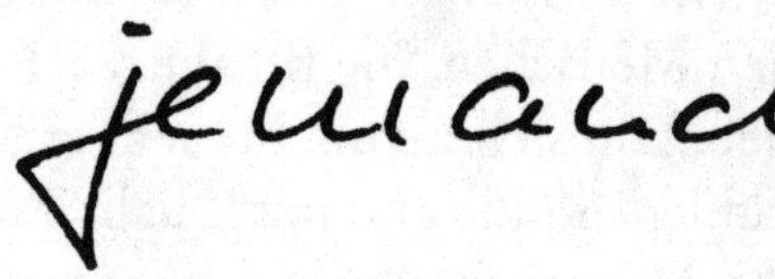

Unterschleifen – an zwei Stellen eckig

Bei dieser Schreibform schließt der Schriftpsychologe auf ein gekünsteltes Erscheinungsbild, bei dem oft auch Eitelkeit mitschwingt. Außerdem zeigt sich darin auch der Wunsch nach Dominanz, insbesondere in Beziehungen.

Unterlängen – mit druckstarkem Abstrich

Dies sind Hinweise auf ein starkes Geltungsbedürfnis. Der Schreiber will sich um jeden Preis durchsetzen und verwirklicht seine Vorhaben mit Rigorosität. Manchmal ist auch Brutalität angezeigt – vor allem dann, wenn sich die Feder bei starkem Druck spaltet und beim Abstrich zwei Tintenspuren hinterläßt.

Unterlängen – besonders lang

Hier liegt ein großes Bedürfnis nach Absicherung vor. Dementsprechend ist das Streben nach Besitz, Geld und Status hervorgehoben.

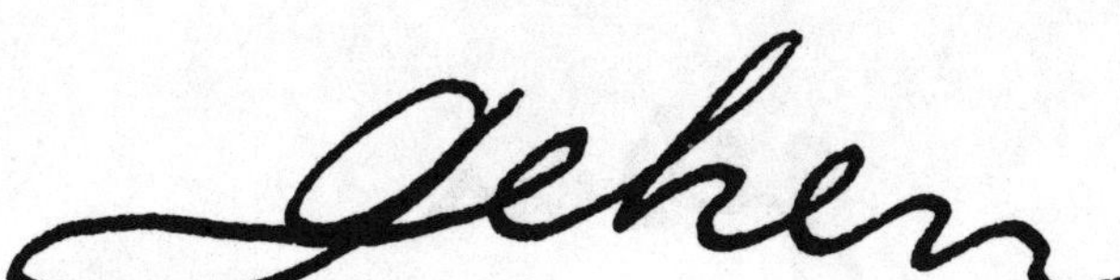

Unterlängen – nach links gebogen

Der Schrifteigner orientiert sich an der Vergangenheit. Er sucht Unterstützung für seine Existenz und oft wird Anlehnung als Grundlage zur Absicherung übertrieben.

Unterlängen – nach rechts gebogen

Das Lebensgenießerische kommt zu kurz. Arbeit und Leistung haben Priorität.

Unterlängen – wie eine Schale geöffnet

Der Schreiber tendiert zum Materiellen und zur Körperbetonung (Sexualität).

Unterlängen – nach unten spitz zulaufend

Gereiztheit und Ungeduld kommen auf, wenn sich im materiellen Bereich Widerstände zeigen.

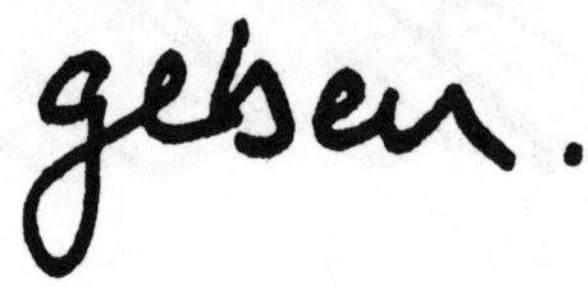

Unterlängen – länger als Oberlängen

Die materielle Verwurzelung ist größer als die geistige Regsamkeit.

Unterlängen – unterbrochen

Hier liegt ein gestörtes Verhältnis zu Status und Besitz vor. Außerdem ist der Schreiber in seinem Körperbewußtsein und seiner Sexualität gehemmt.

Mittelzonen – verstärkt

Verstand und Wille

Diese Persönlichkeit nimmt alle Tagesaufgaben ernst. Sie zieht viel Verantwortung auf sich und hat den Ehrgeiz, alles gleichzeitig zu bewältigen. Dafür braucht sie Zeit. Sie ist jedoch immer ansprechbar. Dieser Mensch ist bestrebt, lebenspraktische Lösungen für seine Aufgaben zu finden.

Emotionales und soziales Verhalten

In der Mittelzone sind die Seele und das Gefühl bestimmend. Wer die Kleinbuchstaben betont, signalisiert ein weites Herz und große Gefühle. Diese Menschen sind kontaktfreudig und warmherzig. Sie legen Wert auf ein harmonisches Miteinander. So sind sie bereit, Vorleistungen zu bringen, damit andere sehen, wie wichtig ihnen gemeinschaftliches Tun ist.

Aufgabe

Diese Schreiber sollten in ihrem Verhalten auf Selbstgefälligkeiten achten. Sie drängen sich mit Verdiensten um Verantwortlichkeiten und Pflichterfüllung gerne in den Vordergrund. Die anderen spüren den drängenden Wunsch nach Anerkennung. Mittelzonenbetontes Schreiben sagt über eine Persönlichkeit meistens aus, daß sie leicht im Tagesprogramm hängenbleibt und so den Anschluß an geistige Fortentwicklung oder Erlebnisfähigkeit verliert. Deshalb ist es für sie wichtig, über die Gegenwart hinaus Pläne zu machen. Jeder Tag sollte eine Zeitnische für individuelle Unternehmungen haben, durch die er wirklich wichtig wird.

Oberlängen – verstärkt

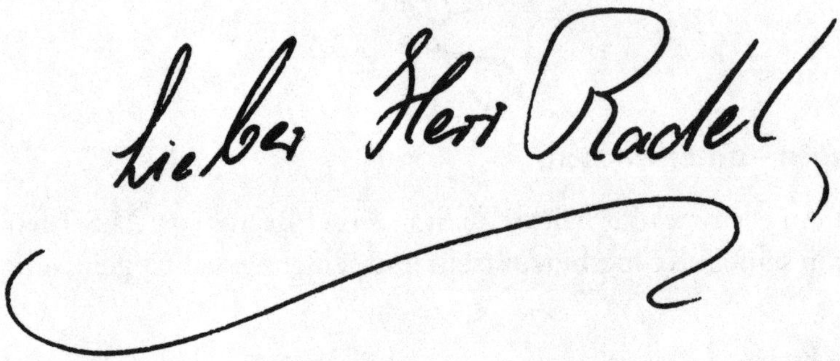

Verstand und Wille

Der geistige Horizont spielt bei diesem Schreiber eine große Rolle. Er möchte »hoch hinaus«, und ist ehrgeizig und strebsam. Allerdings sollte er auf sein Realitätsbewußtsein achten, weil seine Zielsetzungen manchmal zu optimistisch sind. Dieser Mensch traut sich zuviel zu und entdeckt erst später, wie schwierig die Unternehmungen sind. Je größer die Oberschleifen sind, desto mehr Phantasie besitzt er. Damit verbunden sind bei ihm auch Träumereien und Visionen festzustellen. Allerdings ist er dabei auch kreativ.

Dieser Mensch will viel lernen, er ist sehr auffassungsschnell. In großer geistiger Regsamkeit strebt er nach Aufstieg und Bildung. Das Theoretische ist ihm wahrscheinlich näher als das Praktische. Er schwebt in höheren Sphären und verliert möglicherweise den Kontakt zur Realität. Begeisterungsfähigkeit und auch Spontaneität machen diese Persönlichkeit aktiv und unternehmungsfreudig. Sie achtet sehr auf ihren guten Ruf und ihren gesellschaftlichen Status.

Emotionales und soziales Verhalten

Diese Persönlichkeit ist kommunikativ. Sie idealisiert und romantisiert, wobei Schwärmerei und Sentimentalität oft nicht voneinander zu trennen sind. In ihren Schwärmereien wird sie schnell unglaubwürdig. Dann wirkt ihr gesamtes Verhalten aufgesetzt und überzogen. Es steckt zuviel Übertempo und überschäumendes Naturell in diesem Charakter.
Voreilig wird manches entschieden, was sich später als problematisch herausstellt. Es kann auch zu Temperamentsausbrüchen kommen, die man dieser Persönlichkeit bei aller Lebendigkeit in dieser Heftigkeit nicht zugetraut hätte.

Im Team oder in einer partnerschaftlichen Beziehung legt der Schrifteigner Wert auf seine Eigenständigkeit. Er ist zwar anpassungsfähig, will aber selbst entscheiden, wo er mitmachen möchte und wo nicht. Seine Freiwilligkeit ist ihm heilig. So weiß man bei ihm nie, wie er für sich entscheidet. Karriere ist ihm in der Regel wichtiger als Häuslichkeit, und er ist deshalb schwer in familiäre und zwischenmenschliche Beziehungen einzubinden.

Aufgabe

Zu elitäres Verhalten kann zum Stolperstein in zwischenmenschlichen Beziehungen werden. Auf ihrem Weg nach oben haben diese Menschen darauf zu achten, daß sie nicht zu rücksichtslos sind und mit ihren Zielsetzungen zu hohe Ansprüche stellen. Ihre Aufgabe ist, in den Erwartungshaltungen das rechte Maß zu finden und anderen zuzugestehen, daß auch sie ihre Interessen verwirklichen möchten.

Sonderformen

Oberlängen – extrem lang

Karrieresucht und übertriebener Ehrgeiz sind ebenso zu beobachten, wie Führungsanspruch und autoritäres Verhalten. Die Persönlichkeit strebt nach Überlegenheit und möchte Einfluß auf andere nehmen.

Oberlängen – zu kurz

Einsatzfreude, Interesse und Motivation fehlen. Es ist zuwenig Ehrgeiz vorhanden. Gleichgültigkeit und Abgestumpftheit können weitere Merkmale sein.

Oberlängen – ausgeformte Schleifen

Hier besteht die Tendenz zu Luftschlössern, Schwärmerei und Phantastereien. In einem harmonischen Schriftbild weist dies auch auf künstlerische Phantasie hin.

Oberlängen – unterschiedlich lang

Von Zeit zu Zeit bricht ein starkes Geltungsbedürfnis durch. Der Schrifteigner ist risikofreudig. Er sollte sich jedoch vor Übertreibungen hüten.

Oberlängen – nach links gebogen

Geltungsdrang und Schüchternheit wechseln sich ab.

Oberlängen – nach rechts gebogen

Der Schreiber ist desillusioniert durch seine Entwicklung im Berufs- und Statusbereich, wie beispielsweise bei einem »Karriereknick«.

Bewegungsbild und Dynamik

Das Bewegungsbild der Handschrift definiert sich nach Richtung, Ausformung und Bindungsformen der Buchstaben. Die Dynamik ergibt sich aus den Unterschieden der Strichstärken – aus Druck, Schrifttempo und unvermittelten Akzentuierungen beim Schreiben.

Bewegungsbild

Richtung
- Linksläufigkeit
- Rechtsläufigkeit

Ausformung der Buchstaben
- Arkaden
- Girlanden
- Winkel
- Faden

Bindungsformen
- unverbundene Schrift
- verbundene Schrift

Dynamik

Strichstärke
- teigige Schrift
- Dünnstrich
- Druckschwäche
- Druckstärke

Schrifttempo
- Langsamkeit
- Schnelligkeit

Rhythmus im Schreibfluß
- unregelmäßige Schrift
- regelmäßige Schrift

Eine Schrift gilt dann als harmonisch, wenn sie den Fluß der natürlichen Schreibbewegung wiedergibt und eine deutliche Verbundenheit aufweist. Das Schreibtempo sollte nur so schnell sein, daß die Ausgestaltung der Buchstaben möglich bleibt. Die Unterschiede in der Strich- und Druckstärke sind wichtig, weil sie der Schrift einen Rhythmus geben. Ein deutlicher Takt im Wechsel der Energien, die der Schreiber in seine Handschrift einfließen läßt, ist Voraussetzung für Ausgewogenheit und Regelmaß.

Wenn diese Kriterien nicht erfüllt sind und beispielsweise jeder Buchstabe ohne Verbindung zum anderen steht oder zu starker Druck sichtbar wird, stuft man eine Schrift als unharmonisch ein. Das gleiche gilt auch bei Richtungsänderungen, zu starker Schräglage oder Schreibrichtungen beim einzelnen Buchstaben, die gegenläufig (nach links) zur natürlichen Schreibrichtung sind. Wo der Strich immer gleich breit geführt wird, wie beispielsweise beim Filzstift, geht der Takt verloren. Ebenso bringen abrupte Bewegungen, die Buchstaben verzerren, unverhältnismäßig vergrößern, verkleinern oder verwischen, unmotivierte Auffälligkeiten in den Lesefluß. Sie gelten als Indiz für unkoordinierte Verhaltensmerkmale im Charakterbild des Schrifteigners.

Die Ausgewogenheit einer Persönlichkeit spiegelt sich in einem harmonisch wirkenden Schriftbild. Ob es als harmonisch bezeichnet werden kann, ist nicht eine Frage des persönlichen Geschmacks, sondern der Bewertung mehrerer Schriftelemente. So ist auch der Eindruck, den ein Mensch auf den anderen macht, zwar als Gesamtbild in sich geschlossen, aber auch analysierbar in Einzelbeobachtungen. Bei einer Schrift gilt es zu hinterfragen, warum sie harmonisch wirkt. Dies führt direkt zur Suche nach den Einzelmerkmalen. In der Schriftpsychologie hat sich ein Katalog dieser Kriterien herausgebildet, nach denen Merkmale als harmonisch oder unharmonisch definiert werden.

Schreibrichtung

Linksläufigkeit

Sie darf nicht mit der Linksschräge einer Schrift verwechselt werden. Die Linksschräge zeigt die gesamte Richtung der Buchstaben und Zeilen an (siehe S. 56). Die Linksläufigkeit jedoch kommt durch die nach links betonte Schreibbewegung zustande. In welche Richtung formt der Schreibende die Buchstaben? Strebt er mit dem Strich mehr zur linken oder zur rechten Seite? Wenn wir als Prinzip zugrunde legen, daß das Schreiben als Kommunikationsinstrument beim Ich beginnt und in der Schreibbewegung zum Du hinstrebt, dann führen linksläufige Schriftzüge wieder vom Du zurück zum Ich.

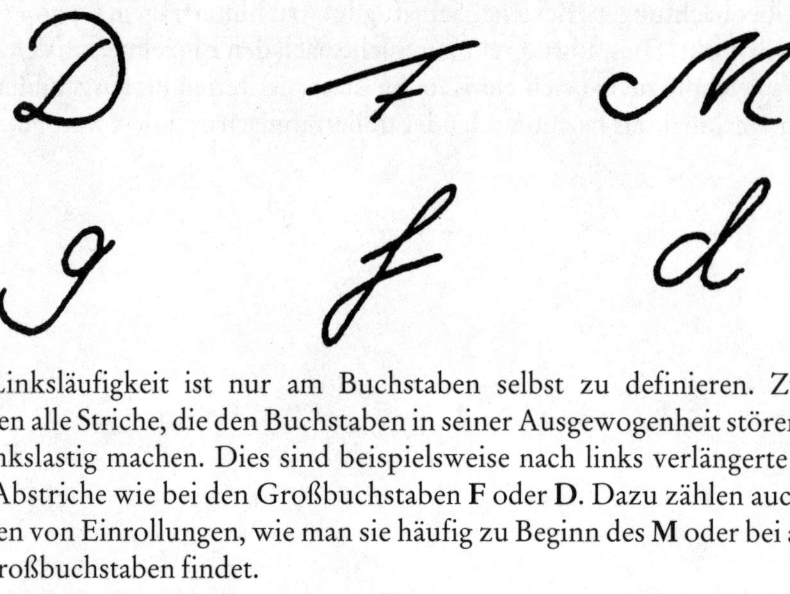

Die Linksläufigkeit ist nur am Buchstaben selbst zu definieren. Zu ihr gehören alle Striche, die den Buchstaben in seiner Ausgewogenheit stören und ihn linkslastig machen. Dies sind beispielsweise nach links verlängerte Auf- oder Abstriche wie bei den Großbuchstaben **F** oder **D**. Dazu zählen auch alle Formen von Einrollungen, wie man sie häufig zu Beginn des **M** oder bei anderen Großbuchstaben findet.

Bei Kleinbuchstaben sind es vor allem Einkreisungen beispielsweise des kleinen **a** oder **o**. In der Unterlänge ist es die offene, nach links ausgreifende Strichverlängerung. Am häufigsten findet sich dieses Symptom beim **g**. Beachten Sie auch die zur Schleife erweiterten Doppelstriche beim **f** oder **d**!

Verstand und Wille

Die egozentrische Einstellung ist bei Linksläufigkeit am ehesten zu beobachten. Der Schreibende ist sicherheitsbetont und läßt sich nicht gerne in die Karten schauen. Er zeigt ein reserviertes und nicht selten auch introvertiertes Verhalten.

Wer stark linksläufig schreibt, wird das Persönliche in den Vordergrund seiner Interessen stellen und in allem auf seinen Vorteil bedacht sein. Dies gilt besonders bei den sogenannten Einrollungen, den Einkreisungen und den nach links offenen und unter das Wort gezogenen Unterlängen beim **g**.

Bei allem Respekt und im Bewußtsein der Vielschichtigkeit einer Persönlichkeit muß Linksläufigkeit im Schriftbild doch als ein Merkmal angesehen werden, das sehr deutlich auf die subjektivistische Denkhaltung des Schreibers hinweist. Es sind dann nur noch wenige Schritte zu Eitelkeit, Selbstgefälligkeit oder auch zur Passivität. Seine Rechthaberei und sein Eigensinn stören jede Kooperation und Kommunikation. Die Linksläufigkeit im Schriftbild wird zur Aufforderung, sich aus Engstirnigkeit und »verkrustetem« Denken zu befreien und sich in Gemeinschaftssinn und Flexibilität zu üben.

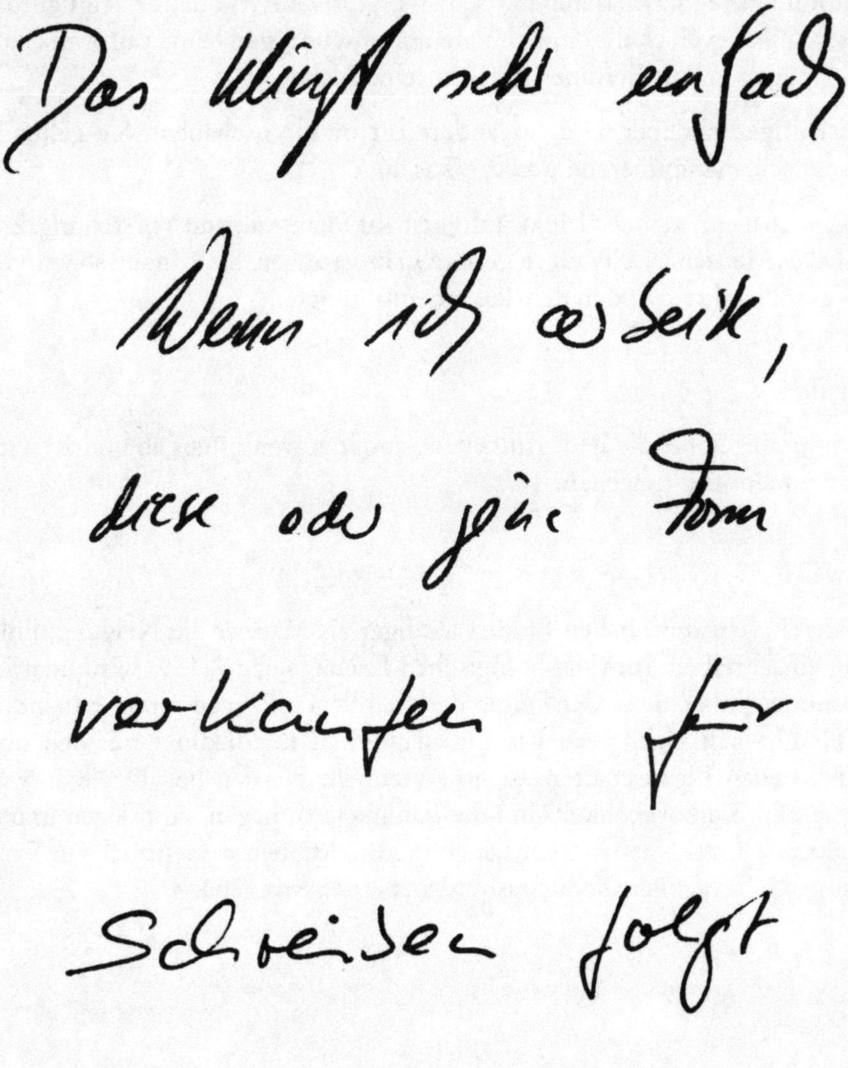

Emotionales und soziales Verhalten

Linksläufigkeit sagt viel über das Kontaktverhalten einer Person aus. Wie die ungebundene ist auch die linksläufige Schrift ein ebenso deutliches Anzeichen für mangelnde Bindungsfähigkeit. Wer seine Striche immer wieder weit nach links zieht oder sich in Einrollungen verliert, ist kontaktscheu. Sein zurückgezogenes Wesen macht es anderen schwer, Beziehungen zu ihm herzustellen. Er kann sich nicht öffnen, ist aber sehr empfindsam und verletzlich. Entweder prägt ihn eine egozentrische und selbstvergessene Art, oder er zeigt autoaggressive Züge, weil er alles in sich hineinnimmt und sich keine Luft verschafft. Das Ausagieren von Gefühlen ist nicht seine Sache.

Linksläufige Schreiber sind für andere oft undurchschaubar. Sie gelten als mißtrauisch, manipulierend und egoistisch.

Weniger ausgeprägt weist Linksläufigkeit auf Phantasie und Vorstellungskraft hin. Diese Menschen schwelgen gern in Erinnerungen. Sie können so wunderbar sentimental sein und in den Tag hineinträumen.

Aufgabe

Der Schreiber sollte die Bedürfnisse von anderen wenigstens ab und zu wichtiger nehmen als die eigenen.

Hinweis!

Wie bereits erwähnt, haben Frauen häufiger als Männer die Neigung, linksläufig zu schreiben. Im Graphologischen Kreuz (siehe S. 159) wird deutlich, daß auf der linken Seite Qualitäten der weiblichen Psyche verankert sind. In der Handschrift einer Frau hat Linksläufigkeit nur bedingt mit den oben beschriebenen Eigenschaften zu tun. Vielmehr werden bei ihr Verantwortungsgefühl, Fürsorglichkeit und die Fähigkeit zu hegen, zu pflegen und zu bewahren betont. Nach links ausgeformte Buchstaben weisen auch auf Familiensinn, Geborgenheitsbedürfnis und Sicherheitsstreben hin.

Sonderformen

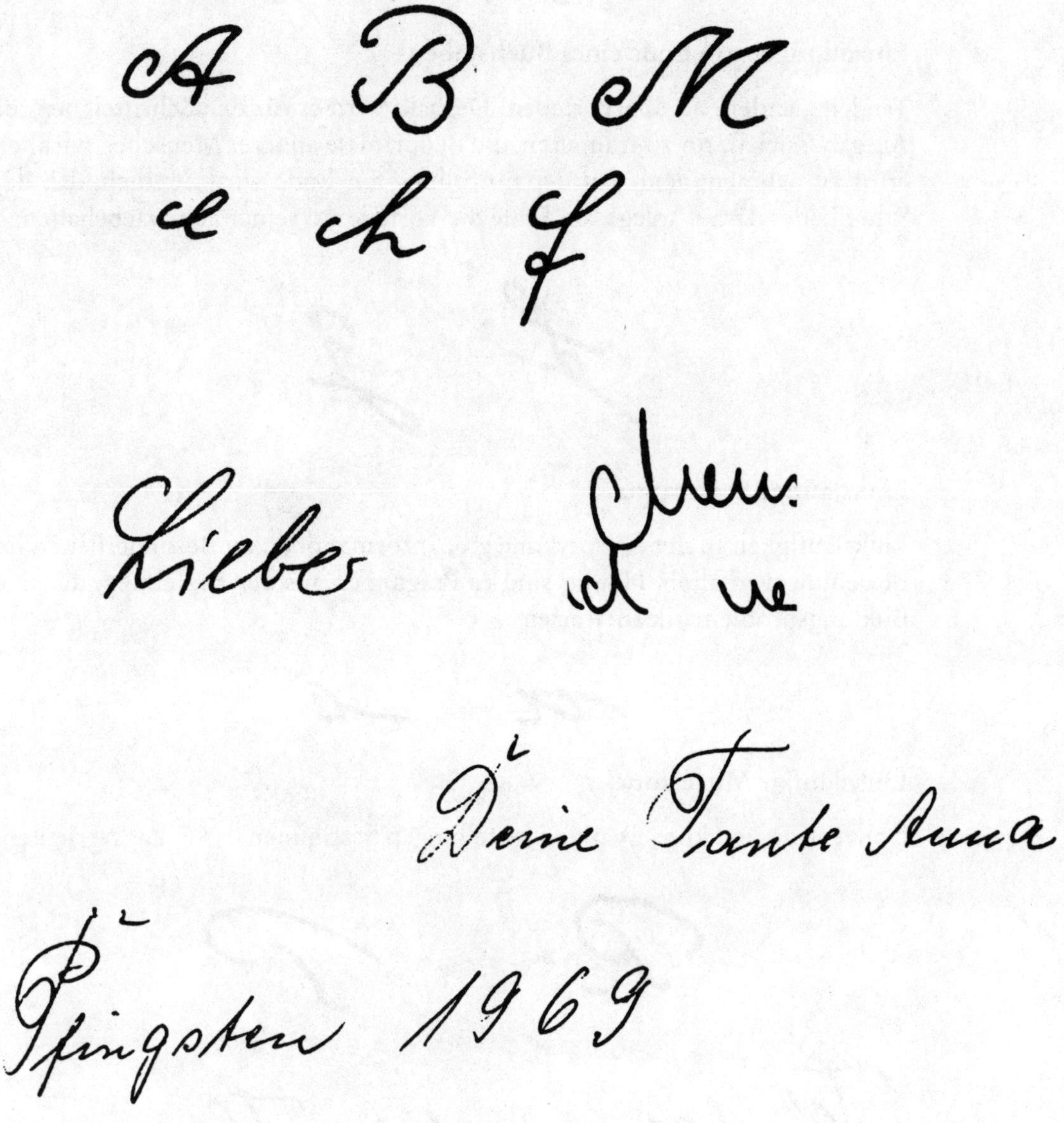

Einrollungen beim Anfangsbuchstaben

Übertriebener Konservatismus wird deutlich. Außerdem weist das Merkmal auf eine starke Rückbeziehung auf Vergangenheit und Kindheit hin. Oft liegt auch eine intensive Mutterbindung und Milieuverhaftung vor.

Einrollungen am Ende eines Buchstabens

Tendenz, andere zu übervorteilen. Deshalb wird es für den Schrifteigner zur Aufgabe, sich darin zu trainieren, die Bedürfnisse anderer Menschen wirklich ernst zu nehmen; denn mit der Einrollung am Ende wird deutlich, daß der Schreiber es darauf anlegt, am Ende die Vorteile auf seiner Seite zu behalten.

Linksläufige Unterzone

Linksläufigkeit in der Körperzone gibt Informationen zu Besonderheiten im Beziehungsverhalten. Häufig sind es Prägungen aus der Erziehung, die eine Bindungsproblematik aufwerfen.

Linksläufige Mittelzone

Konvention und konservative Einstellungen bestimmen das Alltagsverhalten.

Linksläufige Oberzone

Diese Merkmale verdeutlichen eine in die Vergangenheit zurückreichende Grundhaltung. Gut ist, wie es früher war. Den Schreibenden zeichnen Heimatliebe und Traditionsverbundenheit aus. Sein allgemeines Denken und auch sein Statusbewußtsein orientieren sich an Sicherheitsbedürfnissen und dem Wunsch nach Stabilität.

Rechtsläufigkeit

Bei einer rechtsläufigen Schrift sind die Buchstaben nach rechts gezogen und die Endstriche nach rechts betont. Eine solche Schrift strebt vom Ich weg zum Du hin – wie der Arm sich vom Körper entfernt, wenn man jemandem die Hand zum Gruß (Kontakt) reicht.

Das Graphologische Kreuz zeigt an, welche Qualitäten Ausdruck finden, wenn eine Schrift betont nach rechts orientiert ist. Meist sind *Rechtsschräge* und *Rechtsläufigkeit* parallel sichtbar. Der Schreibende hält sich nicht mit Kleinigkeiten auf. Er möchte vorankommen. Wer rechtsläufig schreibt, denkt vorwärts.

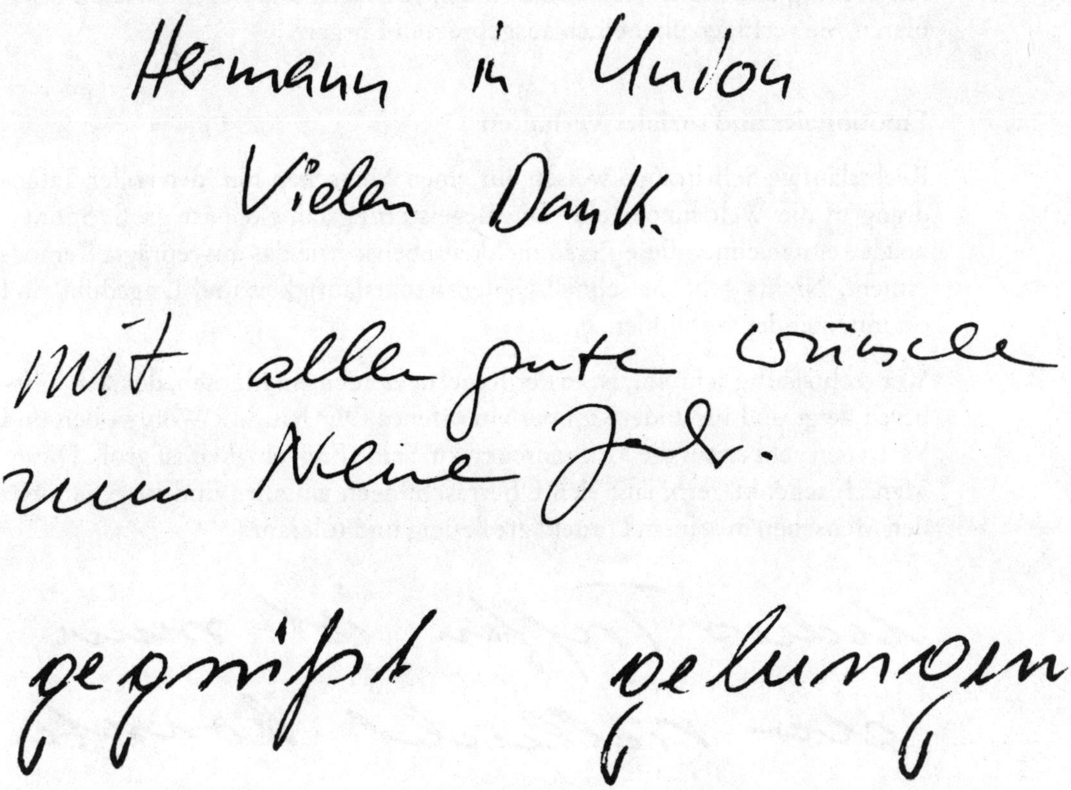

Außerdem sind diese Menschen sehr kontaktfreudig. Alle Probleme lassen sich lösen, wenn man nur bereit ist, aufeinander zuzugehen und sich auszusprechen.

Die Schleifen bei Ober- und Unterlängen sind bei der rechtsläufigen Schrift in der Regel enger, weil der Schreibende jede »Rückschrittlichkeit« vermeiden will. Mit jedem Strich strebt er auf den nächsten Buchstaben zu. Die Schrift bekommt auf diese Weise in ihrem Gesamteindruck etwas Eiliges, manchmal Flüchtiges, vor allem, wenn sie noch eine starke Rechtsschräge aufweist.

Verstand und Wille

Diese Persönlichkeit fällt durch anspruchsvolle Zielsetzungen und hohe Aktivität auf. Aus ihrer inneren Selbstüberzeugtheit ergibt sich Souveränität. Menschen mit rechtsläufiger Schrift fürchten niemanden. Sie haben kein Problem, auch bei schwierigsten Unternehmungen Kontakte herzustellen und den eigenen Standpunkt selbstbewußt zu behaupten. Dabei vermitteln sie den Eindruck, daß sie die Interessen des Partners durchaus im Blick haben und nach Übereinstimmungen suchen. Ihre Umsichtigkeit und schnelle Auffassungsgabe schaffen Geistesgegenwart und Flexibilität.

Sie sind wissensdurstig und Geselligkeit wird großgeschrieben. Für sie ist es immer spannend, neue Gesichter zu sehen. Dementsprechend sind sie sehr reisefreudig und lassen sich von fremden Kulturen und neuem Wissen faszinieren. Sie verfügen über einen ausgeprägten Ehrgeiz.

Emotionales und soziales Verhalten

Rechtsläufige Schriftzüge weisen auf einen Menschen hin, der voller Tatendrang in die Welt hineingeht. Die Begeisterungsfähigkeit ist groß. Spontaneität kennzeichnet diese Persönlichkeit ebenso wie das ausgeprägte Temperament. Nichts geht ihr schnell genug. Rechtsläufigkeit und Ungeduld sind oft miteinander verbunden.

Wer rechtsläufig schreibt, ist in der Regel aber auch ein Mensch, der sich hilfsbereit zeigt und für andere immer ein offenes Ohr hat. Mit Wohlwollen und Vertrauen geht er auf die Mitmenschen zu. Seine Freigebigkeit ist groß. Dieser Mensch schenkt gern, läßt sich Überraschungen einfallen und ist gegenüber den Menschen in seinem Umfeld großzügig und tolerant.

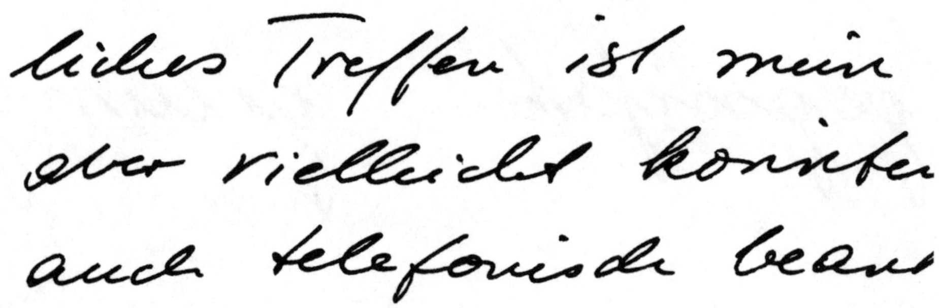

Besonderes Einfühlungsvermögen, aber auch Taktgefühl, Wohlwollen und Verantwortungsgefühl zeichnen diesen Menschen aus. Er sucht Kooperation und Gemeinsamkeit. So wird er anpassungsfähig sein, solange man nicht versucht, ihn von seinen Zielen abzubringen.

Bei der Bewegtheit der Abläufe und bei der drängenden Aktivität ist oft unökonomisches, ja sogar verschwenderisches Verhalten zu beobachten. Es besteht auch die Tendenz zu Gleichgültigkeit gegenüber Personen oder Dingen, die nicht mehr aktuell oder für die Zukunft unwichtig sind. Wer sich mit seinen Unternehmungen zuviel zutraut, riskiert seine Kräfte zu verschleißen und dadurch seine Standfestigkeit zu verlieren.

Aufgabe

Bei starker Rechtsläufigkeit wird es für den Schreiber zur Aufgabe, sich in Geduld zu üben. »Dem Geduldigen strömen die Dinge zu, der Ungeduldige stößt sie ab.« Dann gilt es darauf zu achten, alles, was man tut, exakt und gründlich zu erledigen. Es besteht immer die Tendenz zu Flüchtigkeit, und dieses oberflächliche, gehetzte Verhalten zieht Unzuverlässigkeit nach sich.

Rechtsläufig schreibende Menschen haben auch zu lernen, sich richtig zu entspannen. Sich bewußt der Ruhe hinzugeben und einfach nichts zu tun, um Körper und Geist zu regenerieren, wird hier zu einem Lernprogramm. Wer nicht entspannen kann, kann auch nicht anspannen!

Sonderformen

Nach rechts gezogene Unterlängen

Hier kommt die körperbezogene Genußfähigkeit zu kurz, weil keine Zeit für ein wohltuendes Sich-Pflegen bleibt. Man gönnt seinen fünf Sinnen zu wenig.

Rechtsläufige Mittelzone

Der Schreiber zeigt ein getriebenes, hektisches Verhalten. Er ist nervös und gereizt, weil er sich durch die Tagesaufgaben blockiert fühlt.

Rechtsläufige Oberzone

Dieser Mensch möchte möglichst rasch im Leben vorankommen und ist dementsprechend ehrgeizig. Er hat einen intellektuellen Anspruch an sich und andere. Sein Statusbewußtsein ist ausgeprägt, wobei es dabei mehr um Ansehen auf Grund geistiger Leistung geht als um materiellen Besitz. Es bildet sich ein Elitebewußtsein. Bei sogenannten *Protektionsstrichen* (nach rechts gezogene waagerechte Striche in der Oberzone wie zum Beispiel beim **F**) ist in die Deutung auch die Tendenz zu dominantem und sogar autoritärem Verhalten einzubeziehen.

Ausformung der Buchstaben

Seine wahre Persönlichkeitsstruktur zeigt der Mensch bei der Erfüllung alltäglicher Pflichten und Verantwortlichkeiten. Ein sicherheitsbetonter Typus scheut Risiken und lebt nach der Devise: Keine Experimente! Andere Menschen, die nicht soviel Wert auf Sicherheit legen, sind eher großzügig und trauen sich alles zu. Sie halten sich nicht mit Kleinigkeiten auf. Überall entdecken sie Chancen und wagen etwas, auch wenn das Risiko nicht bis ins letzte kalkuliert ist. Die Perfektionisten wollen alles so gut wie nur irgend möglich machen. Da spielt der Zeitfaktor eine Rolle. Perfekt und schnell, das geht selten zusammen. Jeder Typus verhält sich nach seinem So-Sein in allen Dingen des Tages. Er geht, spricht, kleidet sich, arbeitet und handelt in vielem anderen so, wie es seinem Wesen entspricht. Alles, was der Mensch tut, trägt den Stempel seiner Struktur. Also wird auch die Schrift bis in die kleinsten Einzelmerkmale hinein beeinflußt vom Anlagebild des Charakters.

Im Kleinen das Große entdecken – das ist das Arbeitsfeld des Graphologen. Er hat aus Häkchen und Schleifchen – methodisch nachvollziehbar – die Zusammenhänge im Strukturbild eines Menschen erkennbar zu machen.

Arkaden

Die Arkade ist ein Kernelement der lateinischen Schrift, die sich vor allem nach dem Zweiten Weltkrieg europaweit verbreitet hat. In Deutschland hat sie die Sütterlinschrift abgelöst. In der heutigen lateinischen Schrift gibt es im Bereich der Kleinbuchstaben eine Reihe von Arkaden im offiziellen Buchstabenbild. Dies gilt beispielsweise für **m, n, h**.

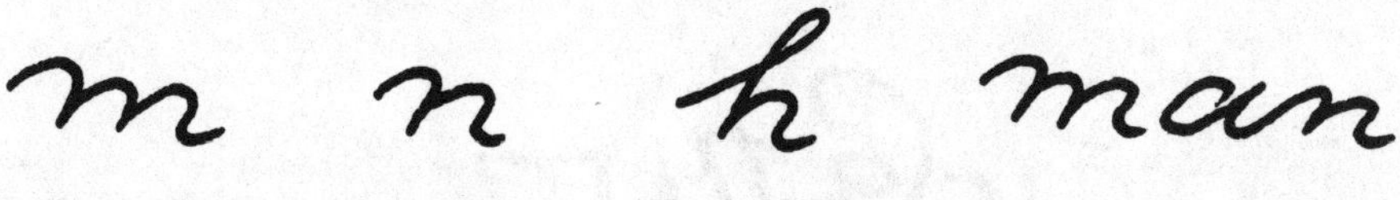

Arkaden in der Schrift sind vergleichbar mit jenen in der Architektur. Trockenen Fußes kann man durch die Altstadt in Bern, über den Prinzipalmarkt in Münster oder durch die Lauben von Bozen gehen. Sie bieten den Menschen und ihren Geschäften Schutz. Unter ihnen kann das Leben ungestört seinen Lauf nehmen, unbeeinflußt von Wind und Wetter.

Arkaden bieten Sicherheit. Mit ihrer hohen Tragfähigkeit sind sie Garant für Stabilität. Sie decken aber auch ab, verschließen, verbergen, lassen kein Licht herein und grenzen nach außen ab.

kommenden freitag wollen w
und wollen fahren mit dem ic
kopenhagen, sondern nach h

Verstand und Wille

Arkadenschreiber nehmen Dinge in sich auf und lassen nichts heraus. Sie wollen Sicherheit. Dabei ist besonders wichtig, was sich bewährt hat. So tendieren diese Menschen zum Herkömmlichen und Konservativen. Neuem öffnen sie sich nur langsam. Sie sind vorsichtig, zurückhaltend und oft auch verschlossen und lassen sich nicht in die Karten schauen. Auffallen wollen sie nicht, daher halten sie sich im Hintergrund. Gute Manieren und formal-korrektes Verhalten zeichnen sie aus. Ihre hohe Belastbarkeit macht sie psychisch stark. Sie haben »Nehmerqualität«, scheuen sich aber nicht, in die Offensive zu gehen, wenn man ihr Sicherheitsbedürfnis stört.

in den Ferien.

Vielen Dank für

Entschuldigen Sie

wir waren noch

Saturn

Arkadenschreiber sind immer leistungswillig. Sie gehen fleißig und mit viel Energie an ihre Unternehmungen heran, zeichnen sich durch methodisches Denken aus und wollen lebenspraktische Ergebnisse. Um Risiken auszuschließen, brauchen sie eine weitreichende Planung, gute Vorbereitung und eine ausgefeilte Durchführung. Arkadenschreiber haben die Fähigkeit zu diagnostischem und analytischem Denken.

Emotionales und soziales Verhalten

Bei Arkadenschreibern beobachtet man häufig ein formalistisches Auftreten. Dann ist ihnen die Form wichtiger als der Inhalt. Menschen, die Arkaden schreiben, neigen dazu, sich hinter Binsenweisheiten und einem konventionellen Habitus zu verstecken. Ihr Status- und Leistungsdenken ist ausgeprägt, und ihre Egozentrik verstärkt Eigensinn, Unnachgiebigkeit und Verschlossenheit. Andererseits zeichnen sich Arkadenschreiber durch Standhaftigkeit, Treue zu sich selbst und Engagement aus. Sie sind selbständig, tragen Verantwortung für das, was sie tun, und beeindrucken durch ihre hohe Zuverlässigkeit. Verschwiegenheit ist ihnen eine Tugend.

Aufgabe

Arkadenschreiber haben sich in Toleranz zu üben. Sie müssen einsehen, daß andere Auffassungen auch ihre Berechtigung haben. Wer mit dem Kopf durch die Wand will, um seine persönlichen Interessen durchzusetzen, wird durch Lebensereignisse auf erheblichen Widerstand stoßen. Deshalb ist es für die Entwicklung eines Arkadenschreibers wünschenswert, Eigensinnigkeit, Verschlossenheit und Verkrustung bei sich aufzuspüren und daran zu arbeiten.

Sonderform

Schleifenarkade

Das Geltungsbedürfnis dieses Schreibers ist überbetont.

Girlanden

Wie Girlanden bei Dekorationen werden die Wölbungen einfach umgedreht. Dabei entfernt sich der Schreibende von der Vorlage, wie sie in der Schule unterrichtet wird. Das **m** oder **n** ist nicht oben gewölbt, sondern an der Unterseite gerundet.

Die Girlande hat von ihrem Charakter her etwas Beschwingtes. Sie ist auffangend und sich öffnend. Gleichzeitig gibt sie den Blick frei nach innen – Natürlichkeit und Aufrichtigkeit werden den Girlanden-Schreibern als Merkmale zugesprochen. Dieser Schriftzug drückt in der Weichheit der fließenden Schreibbewegung Toleranz und Freigebigkeit aus.

Verstand und Wille

Der Girlandenschreiber sucht im Austausch mit anderen Menschen Übereinstimmung herzustellen. Er gibt lieber nach, als daß er in den Konflikt geht. Aussprachen, Verständnis und Kompromißbereitschaft sind für ihn Voraussetzungen für ein friedliches und konstruktives Miteinander. Diese Persönlichkeit gewinnt viel Sympathie, weil sie auf andere Menschen eingeht. Sie nimmt sich zurück und vermeidet jede Dominanz. Vertrauensvoll sucht sie den Kontakt und ist immer bereit, dem anderen entgegenzukommen. Auf höherem Niveau zeigen sich großes Verhandlungsgeschick und Diplomatie.

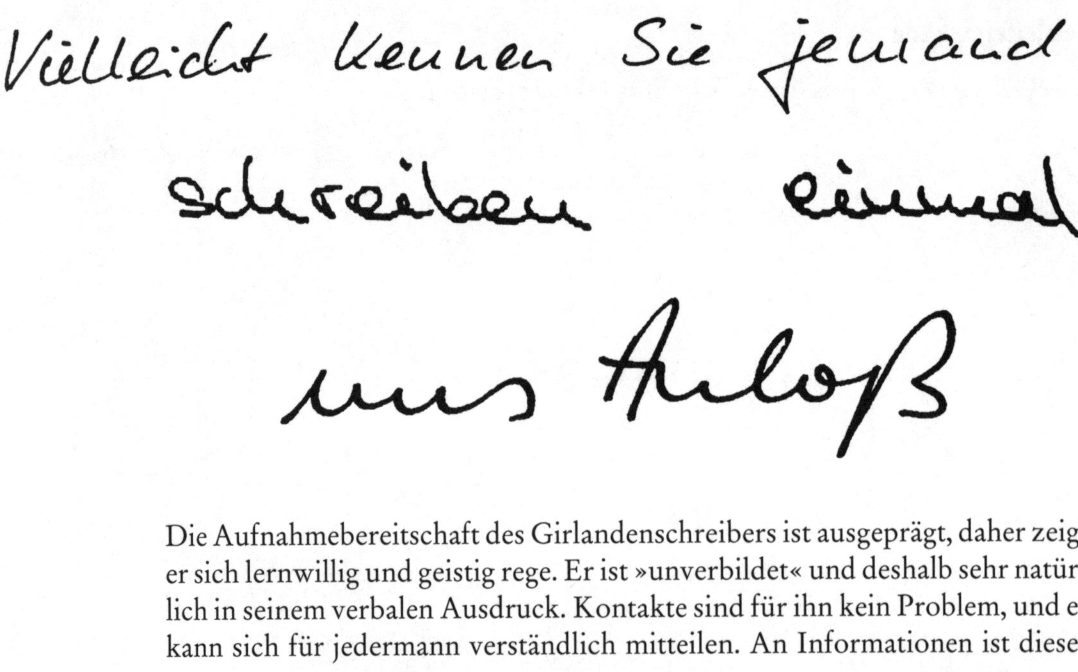

Die Aufnahmebereitschaft des Girlandenschreibers ist ausgeprägt, daher zeigt er sich lernwillig und geistig rege. Er ist »unverbildet« und deshalb sehr natürlich in seinem verbalen Ausdruck. Kontakte sind für ihn kein Problem, und er kann sich für jedermann verständlich mitteilen. An Informationen ist dieser

Schreiber immer interessiert. Es fällt ihm leicht, sich rasch auf neue Situationen einzustellen. Außerdem kann er sich schnell motivieren und engagiert arbeiten.

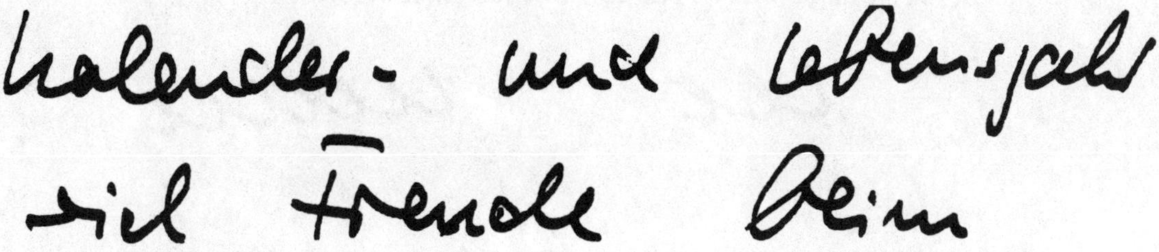

Emotionales und soziales Verhalten

Girlandenschreiber suchen emotionale Bindungen. Sie brauchen die Basis von Sympathie oder Liebe für ihre Motivation innerhalb eines Kontakts. Dann sind sie sehr gebefreudig, was sich bis zur Hingabefähigkeit steigern kann.

Diese Menschen zeigen Herzensgüte. Sie fühlen mit und werden manchmal sogar etwas sentimental, weil ihre Gefühle sie überfluten. Überall suchen sie Anregungen und Erlebnisse und sind dabei für vieles zu begeistern. Idealistische Wertvorstellungen bestimmen ihr Verhalten. Dabei bemühen sie sich um Freundlichkeit zu allen Seiten. Es kommt ihnen kaum ein ungutes Wort über eine andere Person über die Lippen. Sie sind herzlich und gemütvoll und gehen sanft und auch zärtlich mit anderen Menschen um. Gutmütig und versöhnlich räumen sie Verständigungsprobleme aus dem Weg, in die sich andere verstrickt haben.

Aufgabe

Für Girlandenschreiber kann es zur Aufgabe werden, sich etwas gefestigter zu zeigen. Manchmal sind sie einfach zu leicht zu beeinflussen, woraus auch eine regelrechte Manipulierbarkeit entstehen kann. In ihrem Wunsch nach Anlehnung verlieren sie oft die Fähigkeit, ihr Leben selbst in die Hand zu nehmen und Entscheidungen selbst zu treffen. Girlandenschreiber neigen dazu, Verantwortung auf andere zu übertragen.

Vor allem sollten sie lernen, sich nicht zuviel aufbürden zu lassen. Sie nehmen zuviel an und sind schnell überlastet, obwohl sie sehr fleißig sind. Bei ihrer beschwingt-optimistischen Art besteht auch die Gefahr, daß sie die Dinge viel zu leicht nehmen und einfach abwarten, wie sich alles entwickelt.

Sonderformen

Girlande mit Aufstrich

Hier zeigt sich ein ausgeprägtes Anlehungsbedürfnis.

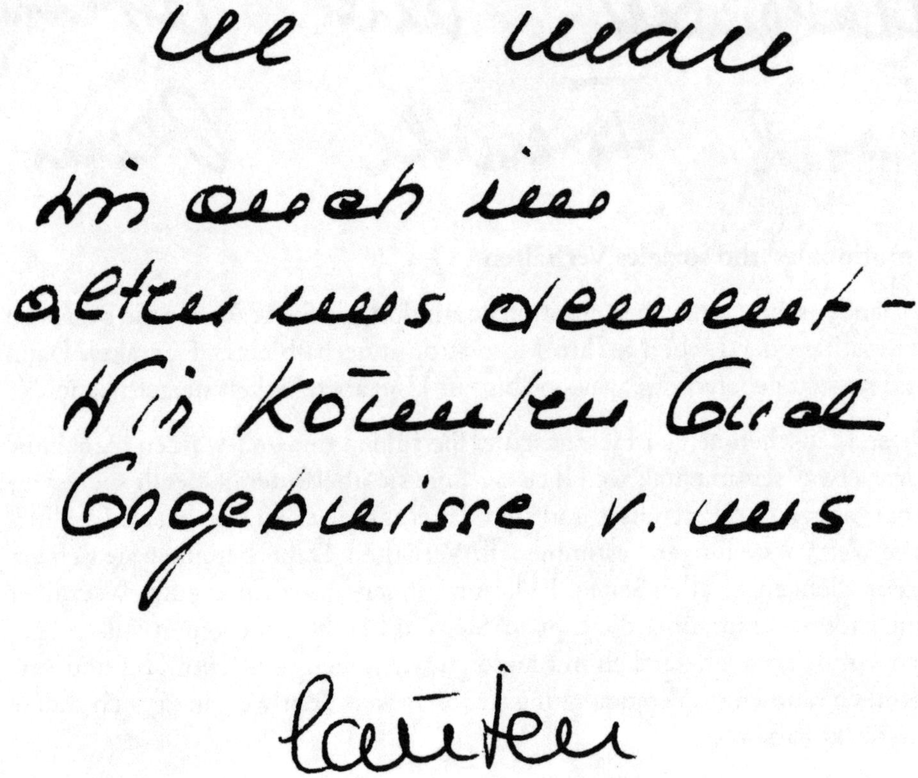

Schleifengirlande

Die Linksläufigkeit in der Schleife weist darauf hin, daß dieser Mensch sich auf seinen Ego-Bereich konzentriert. Dies kann zu einem zwar liebenswürdigen, aber doch von Eigeninteressen beeinflußten Verhalten führen.

Weite Girlande

Übertriebene Großzügigkeit, Neigung zu Verschwendung und vereinnahmende Kontaktfreude kennzeichnen den Schreiber.

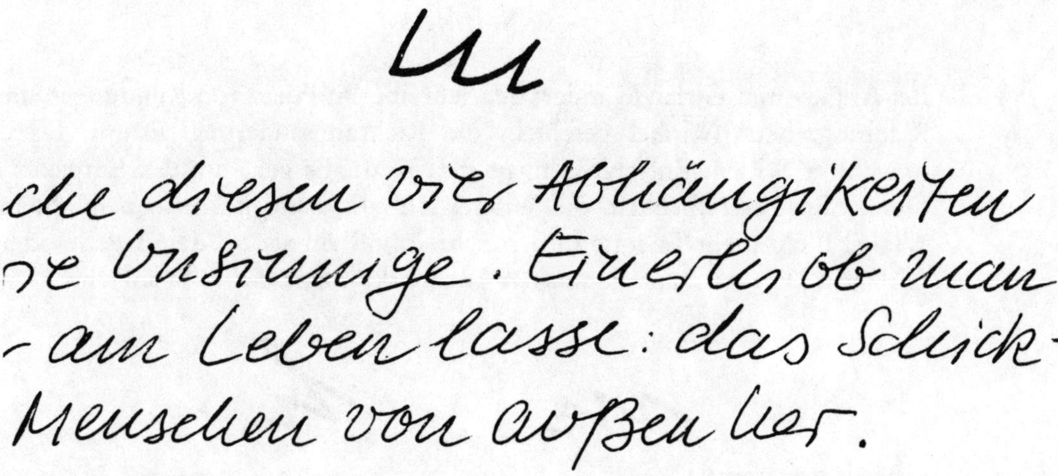

Girlande mit Winkel

Der Schreiber bemüht sich, Einflüssen nach außen zu widerstehen und sich nicht so leicht beeindrucken zu lassen. Seine Freundlichkeit kann lediglich ein Mittel sein, um sich durchzusetzen.

Tiefe Girlande

Sie ist ein Zeichen für eine intensive Gefühlswelt, die überfluten und nachhaltige Wirkungen in der Psyche des Schreibers auslösen kann.

Winkel

Bei Arkade und Girlande ändert der Schreiber in Form von Rundungen die Richtung, beim Winkel geschieht die Richtungsänderung abrupt. Dazu braucht er Willen, Entschlossenheit und Kraft. Es geht um das Entweder-Oder. Eine Persönlichkeit, die Winkel schreibt, handelt konsequent. Beim Winkel fließt mehr Energie in den Schreibfluß ein als bei der Arkade oder Girlande. Dies weist auf die starken Antriebskräfte des Schreibenden hin.

Verstand und Wille

Der Winkelschreiber weiß, was er will. Er führt sein Schreibgerät entschieden in die Richtung, in die er will. Widerstände werden einfach niedergezwungen. Die Zielsetzung bestimmt den Krafteinsatz. So wird man bei diesen Menschen eine deutliche Dominanz des Sachverstands feststellen. Ehrgeizig geht er seinen Weg und läßt sich nicht davon abbringen. Wenn es sein muß, geht er in die Opposition, um die eigenen Ziele zu erreichen. Dann verliert er alle Flexibilität und behauptet hartnäckig seinen Standpunkt.

Die Argumentation des Winkelschreibers ist logisch und konsequent, er ist überaus kritisch. Sein prüfendes Denken deckt Unklarheiten schonungslos auf. In der Arbeit ist der Winkelschreiber methodisch exakt und außerordentlich fleißig. Er übersieht nichts. Aus Selbstdisziplin verlangt er sich selbst viel ab, erwartet aber auch von anderen, daß sie ihr Bestes geben.

Dieser Mensch hält sich an seine Prinzipien. Er ist ausdauernd, hartnäckig und mutig, hält am Bewährten fest und verteidigt, was er erreicht hat. Absolute Korrektheit und Verantwortungsbewußtsein sind ebenso vorhanden, wie eine gewisse Sturheit und auch Rechthaberei.

Emotionales und soziales Verhalten

Wenn man die Schriftzüge eines Winkelschreibers nachzeichnet, erlebt man die Verspanntheit und das Gezwungene im Schreibfluß, der ständig durch abrupte Gegenbewegungen gestoppt wird. So darf man bei diesen Persönlichkeiten davon ausgehen, daß sie in ihrem Fühlen sehr angespannt sind. Häufig sind Verkrampfungen und Blockaden zu erkennen, und es fehlt ihnen an Einfühlung und auch an Öffnung anderen Menschen gegenüber. Sie sind oft verschlossen, introvertiert oder sogar von emotionaler Kälte. Auf der anderen Seite zeigen sich bei ihnen Unduldsamkeit, Strenge und Aggressivität. Bei Winkelschreibern findet man häufig Nörgler, die mit sich und der Welt nicht zufrieden sind. Es ist nicht einfach, mit ihnen in Frieden zu leben. Als Gegenpol zu ihrer Korrektheit und ihrem Gerechtigkeitssinn sind sie oft unversöhnlich und nachtragend.

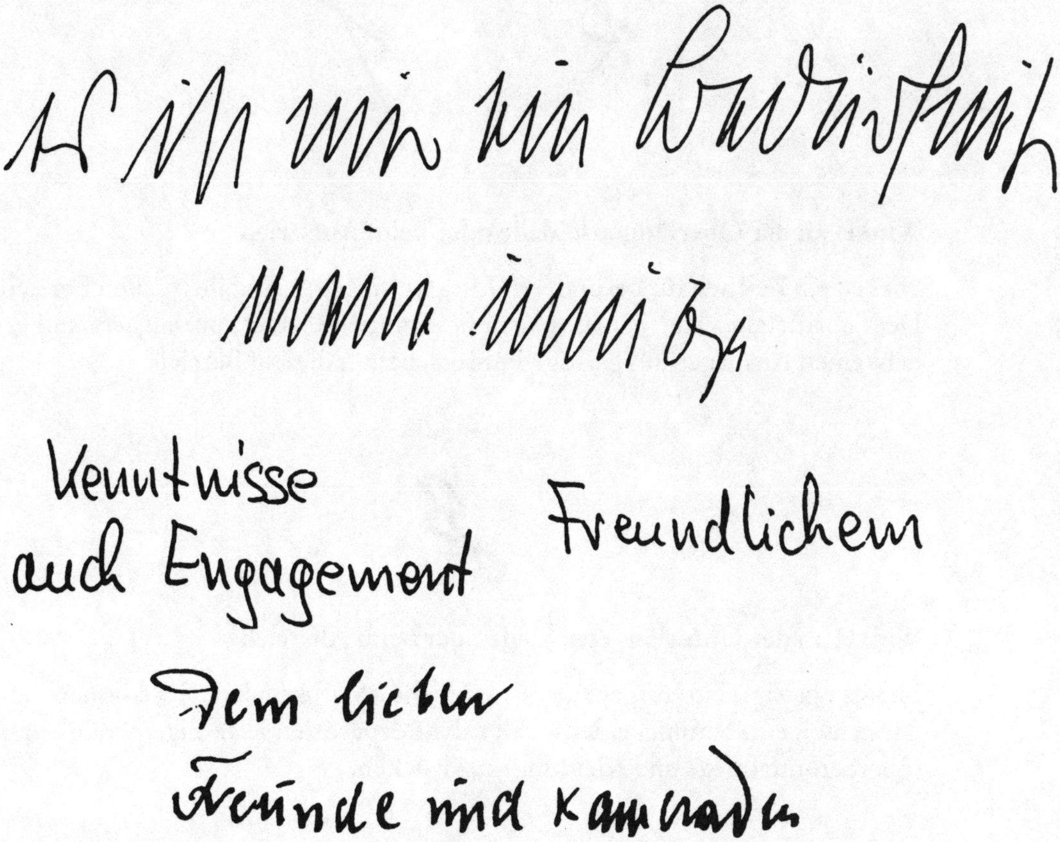

Aufgabe

Das Persönlichkeitsbild des Winkelschreibers möchte sich »runden«. So wird es für ihn zur Aufgabe, den eigenen Standpunkt bewußt in Frage zu stellen und andere Menschen mehr gelten zu lassen. Er sollte mehr Fürsorglichkeit und Verantwortungsgefühl lernen.

Dem Winkelschreiber fällt es schwer, sich natürlich zu geben. Er hat zwar Humor, aber die »Leichtigkeit des Seins« liegt ihm nicht. Indem er mehr Toleranz übt, könnte er seine Konflikte abbauen. Mehr Herzensgüte und eine ausgewogenere Lebensform würden mehr Ruhe und Gesundheit in sein Leben bringen.

Sonderformen

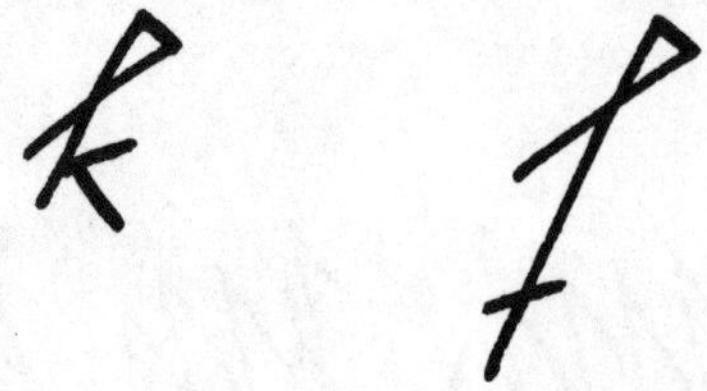

Winkel an der Oberlängenschleife oder beim Aufstrich

Dies ist ein Zeichen für besonderen Ehrgeiz im geistig-intellektuellen Bereich. Der Schrifteigner hat sich auf einem bestimmten Gebiet spezialisiert und erhebt einen Anspruch auf geistige Führerschaft in diesem Bereich.

Winkel an der Unterlängenschleife oder beim Abstrich

Hier zeigt sich ein ausgeprägtes materielles Statusdenken. Es können sich darin auch eine Sammelleidenschaft oder körperorientierte Eigenwilligkeiten (überbetonte Pflege und Kleidung) ausdrücken.

Winkel – leicht abgerundet

Hier ist der Winkel nicht konsequent ausgeformt. Das läßt darauf schließen, daß hinter einer nach außen gezeigten unnachgiebigen Haltung doch Beweglichkeit und sogar Weichheit zu finden sind.

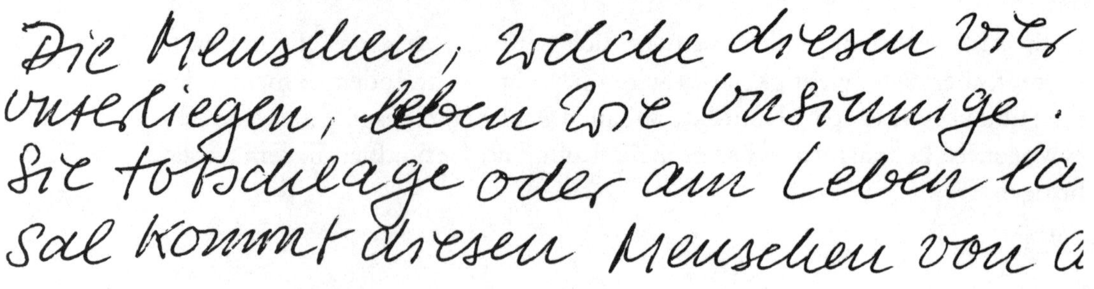

Winkel – kombiniert mit Girlanden

Dieser Mensch zeigt sich nach außen hin anpassungsfähig, in Wirklichkeit aber ist er unbeugsam. Beweglichkeit und scheinbare Aufnahmebereitschaft

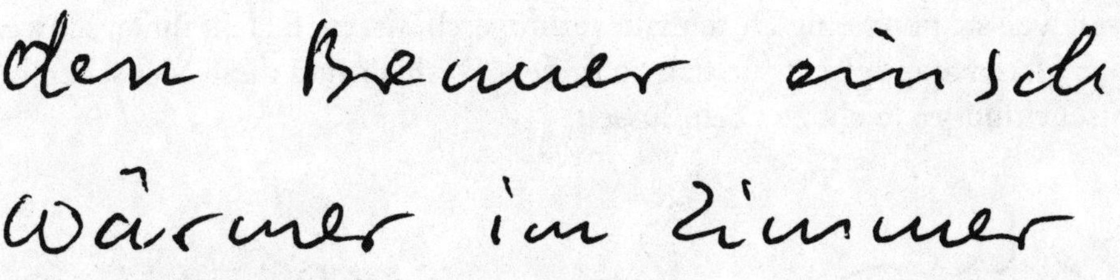

werden als taktisches Mittel eingesetzt, um den eigenen Standpunkt bei anderen leichter durchzusetzen.

Faden

Beim Faden verschwimmen die Konturen des Buchstabens. Seine Form löst sich auf. Dem Schreibenden ist es gleichgültig, wie der Buchstabe eigentlich geformt werden müßte, damit der Empfänger seines Schreibens dieses auch lesen und damit die Information im ganzen erfassen kann.

Gründe für das Fadenschreiben sind meist Hast und Eile, die den Schreibenden dazu zwingen, so schnell wie möglich zu schreiben. Dies kann beispielsweise besonders ausgeprägt sein, wenn jemand mitschreibt, was ein anderer spricht. In der Schriftpsychologie wird dieses Flüchtigkeitsmerkmal zwar berücksichtigt, aber durch weitere Deutungselemente ergänzt. Dabei wird geprüft, wo genau Fäden geschrieben werden: Am Wortende ist der Faden meist ein Hinweis auf Übertempo und Stress. Im Wort selbst weist die zerfließende Form auf Labilität, Richtungslosigkeit und mangelnde Gesinnungstreue hin.

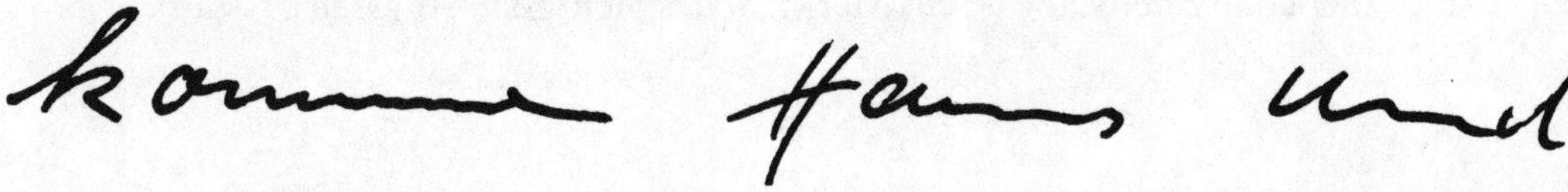

Verstand und Wille

Fadenschreiber sind sehr geschickt in der Kommunikation. Sie lassen sich nicht festlegen. Geschickt erspüren sie, wo ein Gespräch hinführt, wer das Sagen hat oder was als äußerstes zu erreichen ist. Dementsprechend verhalten sie sich. Sie weichen Konfrontationen aus. Psychologisches Gespür und redegewandte Kommunikation zeichnen sie aus.

Ihr Improvisationstalent ist groß, allerdings fehlt es ihnen an Präzision. Fadenschreiber weichen Pflichten und Verantwortung aus, sind dafür aber sehr unternehmungslustig und meist auch sehr aktiv. Dabei suchen sie nach eleganten Lösungen und haben oft geniale Ideen. Sie vermeiden langwierige Prozesse, weil sie nur wenig Durchhaltevermögen besitzen. Es fällt ihnen schwer, einen klaren Standpunkt für sich zu finden. Deshalb sind diese Menschen bei Entscheidungen leicht zu beeinflussen.

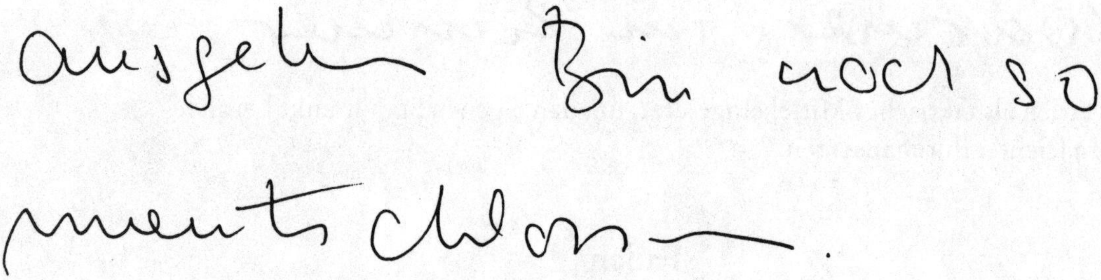

Emotionales und soziales Verhalten

Die innere Unentschiedenheit führt bei Fadenschreibern oft zu Stimmungsschwankungen. Fadenschreiber richten sich zu sehr nach anderen. Sie sind auch sehr beeinflußbar durch die Atmosphäre um sie herum. Ihre mangelnde Entscheidungsfreude hat seltener damit zu tun, daß sie nicht wissen, was sie wollen, sondern eher damit, daß ihnen unklar ist, wie sie ihre Ziele erreichen sollen. Ihre Anpassung hat oft mit Berechnung zu tun. Fadenschreiber schwimmen mit dem Strom, weil sie meinen, so am leichtesten an ihr Ziel zu kommen. Dafür brauchen sie viel Gespür für andere Menschen und hören oft »die Flöhe husten«. Dieses Feingefühl ist aber weniger darauf ausgerichtet, sich für andere Menschen zu engagieren, sondern zielt mehr darauf ab, die Voraussetzungen für die Verwirklichung der eigenen Interessen auszuloten. Wer Fäden schreibt, ist empfänglich für alles Anregende, kann jedoch seine Gleichgültigkeit gegenüber anderen nicht wirklich verbergen. Der verfließende Buchstabe ist ein Merkmal des Sich-gehen-Lassens.

Bindungen in der Schrift

In der Schriftpsychologie besteht ein Zusammenhang zwischen der Art und Weise, wie die Buchstaben innerhalb eines Wortes miteinander verbunden sind und der Kommunikationsfähigkeit des Schreibenden. Außerdem sind hier kommunikative Begabung und Kontaktfreudigkeit angesprochen. Buchstaben miteinander zu verbinden, setzt eine gewisse Willensleistung voraus, die allerdings nicht über den Verstand wahrgenommen wird. Am Grad der Verbundenheit kann man auch ablesen, wie stark das Durchsetzungsvermögen eines Menschen entwickelt ist.

Bei Buchstaben und Wörtern gibt es die unterschiedlichsten Bindungsformen. Sie sind nicht immer in natürlicher Weise miteinander verbunden, wie beispielsweise bei **mein** oder **machen**, wo die Anfangs- und Endzüge wie Waggon-Kupplungen schon für eine »Ankoppelung« vorbereitet sind. Wir finden auch Überleitungen von einem Buchstaben zum anderen, die über eine längere Entfernung, meist aus einer Linksläufigkeit herübergeführt werden oder sich von Oberzeichen (i-Punkte, Umlaut-Oberzeichen bei **ä**, **ö**, **ü**) direkt auf den nächsten Buchstaben ziehen.

Die Bindungsformen können sehr originell und ideenvoll sein. Daher bezieht der Schriftpsychologe bei der Ausdeutung das Intelligenzniveau des Schreibenden mit ein. Je überraschender und gelungener die Verbindung, desto ausgeprägter die Intelligenz, beziehungsweise die geistigen Fähigkeiten.

Verbundene Schrift

Eine vollkommen verbundene Schrift gibt es nicht. Auf dem Schreibweg von links nach rechts muß die Hand von Zeit zu Zeit ihre Position verändern. Dabei wird der Schreibfluß unterbrochen, und es entsteht eine kurze Pause und damit eine Lücke zwischen den Buchstaben. Es ist also ganz natürlich, daß jede Schrift – also auch die verbundene – von Zeit zu Zeit kleine Zwischenräume zwischen den Buchstaben aufweist. In der Regel wird eine verbundene Schrift nach etwa vier bis fünf Buchstaben unterbrochen. Eine Schrift gilt als verbunden, wenn kleinere Worte zusammenhängend geschrieben werden und bei größeren Worten kontinuierlich jeweils mehrere Buchstaben aneinanderhängen.

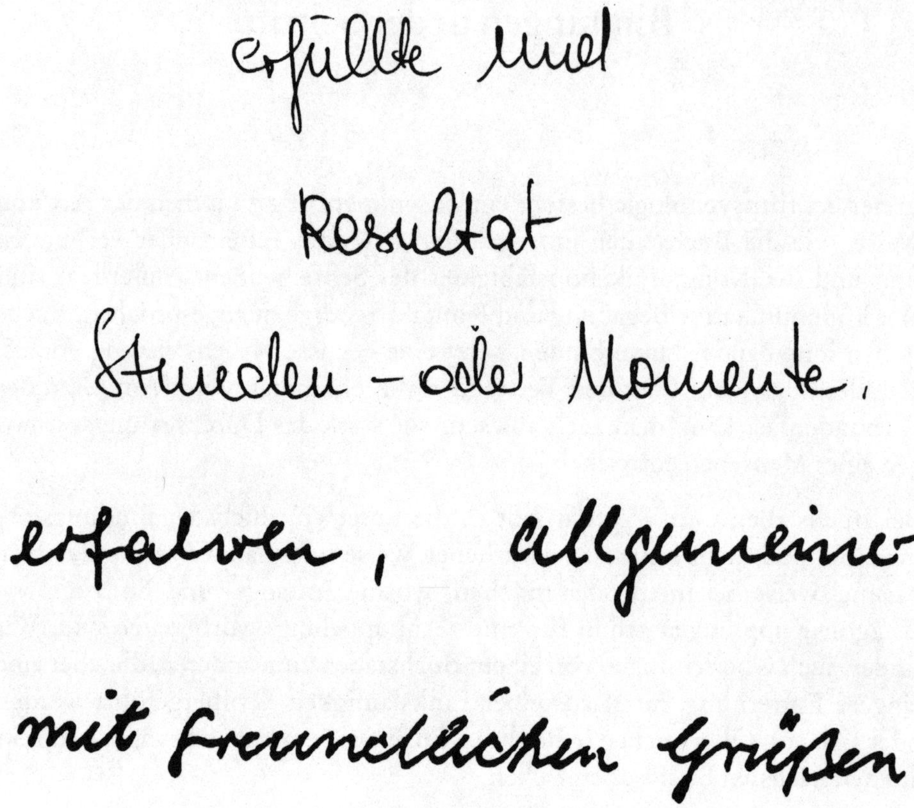

Verstand und Wille

Verbunden Schreibende zeichnen sich nicht nur durch eine deutliche Kontaktbereitschaft aus, sondern auch durch die Fähigkeit, Zusammenhänge herzustellen. Sie verfügen über eine schnelle Auffassungsgabe und Logik im Denken. Diese Menschen denken vorwärts. Sie wagen etwas. Konsequenz im Handeln und Organisationstalent gehören zu ihren Eigenschaften. Wer verbunden schreibt, ist kooperativ und ein Mensch für Gemeinschaftsaufgaben, das heißt, er ist teamorientiert. In Diskussionen oder Verhandlungen zeigt er sich aufnahme- und kompromißbereit sowie sehr ergebnisorientiert. Nichts wird überstürzt, aber für ihn sind Ziele dazu da, erreicht zu werden. Methodisches Arbeiten, kluge Einteilung und Ausdauer sind die Stützpfeiler für alle seine Unternehmungen.

Je nach Schriftbild und Einzelmerkmalen ist die Verbundenheit noch weitergehend zu interpretieren. Beispielsweise zeigt die verbundene Schrift zusammen mit Winkeln einen besonderen Ehrgeiz und Wettbewerbsdenken. Bei Verbundenheit und Girlanden treten eher Humor, Hilfsbereitschaft und Geselligkeit hervor.

Emotionales und soziales Verhalten

Menschen, die verbunden schreiben, sind gern mit anderen zusammen, geben sich freundlich und offen. Verständnisvoll und tolerant gehen sie auf andere zu. Bei ihnen dominiert der Wunsch nach Zusammenarbeit und einer gemeinsamen Linie, ihr Ziel heißt Übereinstimmung.

Kommunikation ist ihnen auch deshalb wichtig, weil sie Chancen zu mehr Informationen bringt. Aus dieser zielbewußten Haltung heraus wissen sie, daß aus einem ernstgemeinten Kontakt auch Unterstützung werden kann. Sie halten sich an das Wort: »Sprich, damit ich Dich hören kann!«

Unverbundene Schrift

Die unverbundene Schrift ist durch die Einzelstellung ihrer Buchstaben definiert. Es gibt keine Überleitungen. Für die Begutachtung einer unverbundenen Schrift ist größte Aufmerksamkeit erforderlich: Die Unterschiede zwischen mageren Einzelbuchstaben und ausgeformten, gestalteten Buchstaben entscheiden, ob es sich um eine Persönlichkeit handelt, die sich ganz in sich zurückzieht, oder um eine, die einen starken kreativen Individualismus lebt.

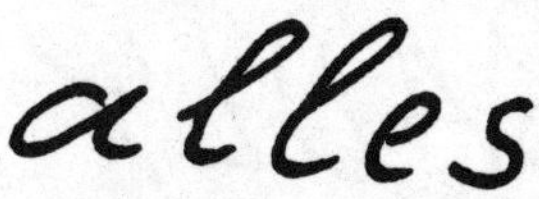

Verstand und Wille

Alles hängt bei der Deutung von der Originalität der Einzelbuchstaben ab. Bei kargen Buchstaben, die gar nicht ausgeformt und meist auch noch durch Weglassungen vereinfacht dargestellt sind, zeigt sich ein kontaktschwacher, introvertierter Mensch. Sein Denken ist subjektiv, seine Logik folgt dem, was er für sich für richtig hält. Ihm mangelt es an der Fähigkeit, sich zu erinnern oder sich zu konzentrieren, ebenso an Übersichtlichkeit oder Systematik. Ist das Gesamtbild unharmonisch, so ist hier ein zusammenhangloses Denken und zuwenig Durchblick zu diagnostizieren.

In einem harmonischen Schriftbild spiegelt sich bei Unverbundenheit eine Persönlichkeit mit analytischen Fähigkeiten. Sie beurteilt die Dinge konzentriert und mit klarem Blick. Je ausgeformter die Einzelbuchstaben sind, desto einfallsreicher, schlagfertiger und handlungsfreudiger ist dieser Mensch. Realitätssinn und häufig auch praktische Fertigkeiten zeichnen ihn aus.

Die Ausformung zeigt auch an, wie sorgfältig ein Mensch ist. Bei entsprechender Nuancierung und Bereicherung der Buchstaben wird man Gründlichkeit, Methodik und Originalität in der Persönlichkeitsstruktur feststellen.

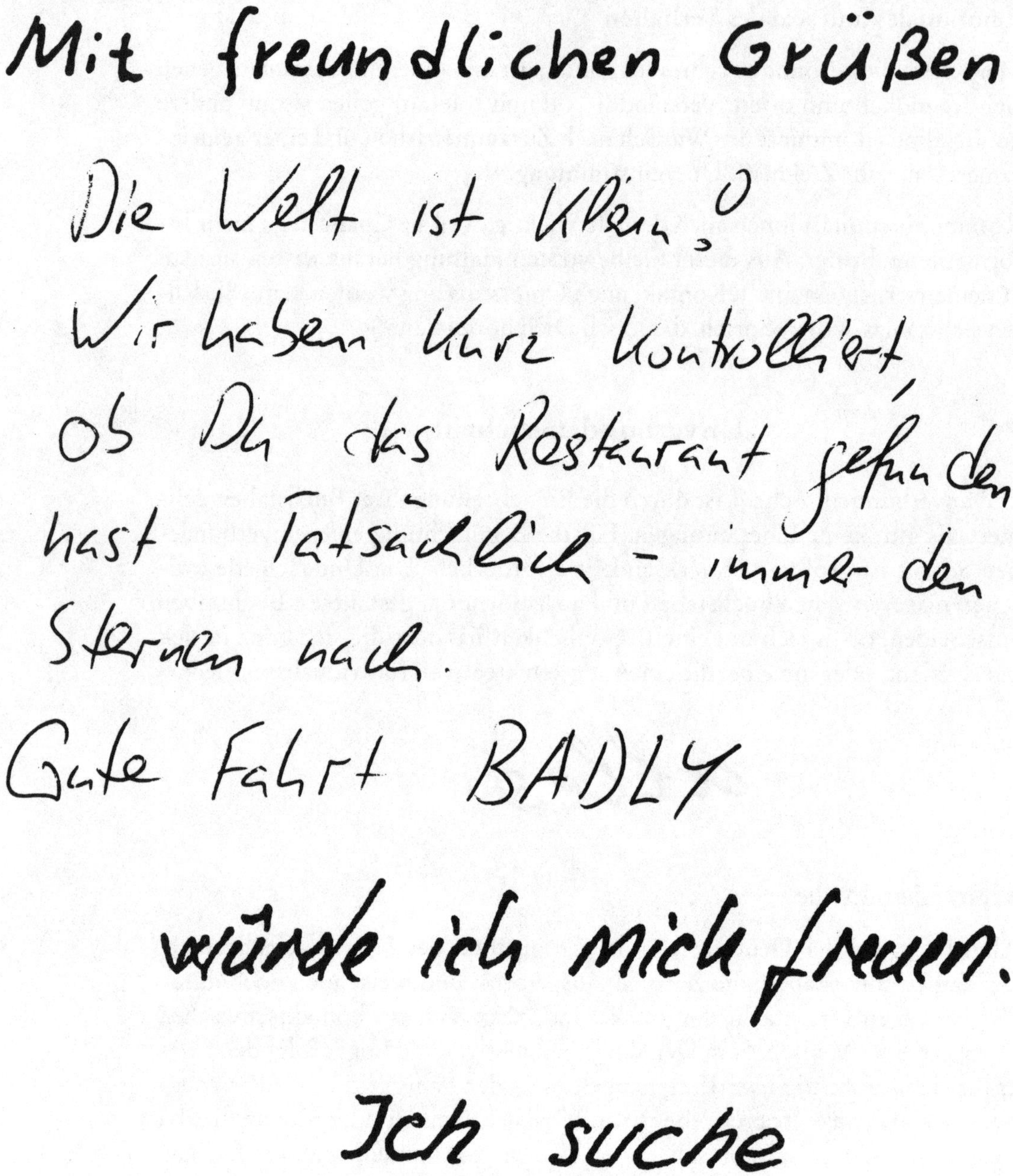

Emotionales und soziales Verhalten

Bei unharmonischem Schriftbild steht die unverbundene Schrift für Einsamkeit, Isolation und Introvertiertheit. Hier liegt meist eine egozentrische Grundhaltung vor, die diesen Menschen in seiner subjektivistischen Betrachtungsweise nicht selten in Konflikte mit seinen Mitmenschen bringt. Er neigt oft auch zu Pessimismus, Verbohrtheit und Stimmungsschwankungen. Die Umwelt erlebt ihn entweder als gehemmt und ängstlich oder als überspannt und hypersensibel.

In der Isolation läßt dieser Schreiber keine Informationen an sich heran, und sein Leben wird statisch. So hemmt er seine Entwicklung und blockiert Energien. Dies wiederum macht ihn unzufrieden und belastet seinen Organismus.

Aufgabe

Wichtig sollte die Einsicht werden, daß das Ich das Du braucht, um sich als Ich zu erkennen. Seine Mitmenschen stehen ihm nicht feindlich, sondern unterstützend gegenüber. Für ihn ist das Wagnis groß, sich jemandem anzuvertrauen und in allen Lebenslagen den ersten Schritt zu wagen, um Kontakt, Aussprachen oder Hilfe zu suchen. Menschen, die unverbunden schreiben, haben in der Regel auch ein Problem mit ihrem Selbstwertgefühl: Es ist meist entweder zu stark oder zu gering. Das Miteinander mit anderen läßt sich korrigieren, wenn die Grundeinstellung zu Toleranz und Akzeptanz bei anderen ehrlich gesucht wird.

Sonderformen

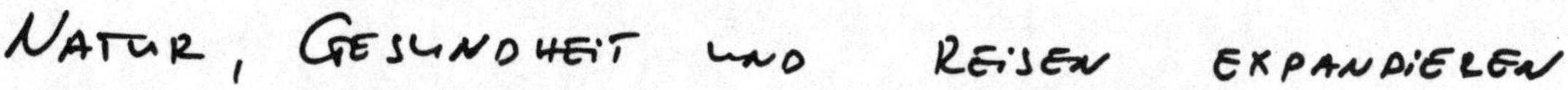

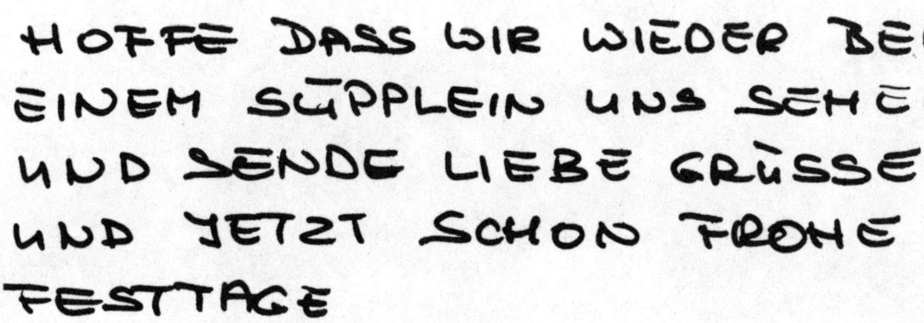

Druckbuchstaben (Schablonenschrift)

Hier zeigt sich das Bemühen, verstanden zu werden. Der Schreiber weiß um seinen starken Individualismus und versucht unbewußt eine Brücke zum Du zu schlagen. Er möchte verstanden werden – alles ist deutlich geschrieben. Die Anpassungsbereitschaft ist offensichtlich. Bei Druckbuchstaben findet man häufig Bereicherungen und originelle Zutaten, die auf Kreativität hinweisen. Individualität und Unverwechselbarkeit, Ästhetik und dekorativer Geschmack kennzeichnen das Schriftbild und weisen damit auf diese Merkmale auch in der Persönlichkeit hin.

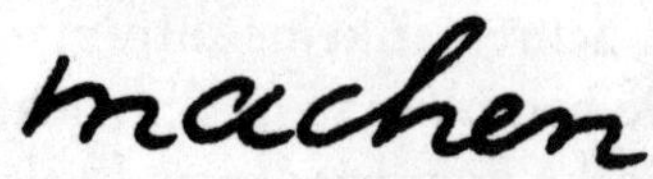

Unverbundene und verbundene Schrift

Wenn im gleichen Schriftbild beide Bindungsformen wechselweise auftreten, steckt der Schreiber zuviel Energie in den Kontakt mit anderen Menschen. Deshalb schafft er sich Pausen, in denen er sich zurückzieht, um seine Kräfte zu regenerieren. Man könnte sich dies bei jemandem vorstellen, der beruflich ständig in Gespräche, Präsentationen oder Verhandlungen eingebunden ist.

Unverbundene, aber sich berührende Buchstaben

Diese Persönlichkeit verbirgt ihre Kontaktprobleme, bemüht sich aber um formale Kommunikationsbereitschaft. Die starke individuelle Ausprägung der Schrift signalisiert ein Charakterbild mit starkem Eigenwillen.

Strichstärke

Teigige Schrift

Durch die Strichstärke unterscheidet man die teigige von der scharfen Schrift. Die Unterschiede zwischen einer breiten und einer dünnen Schrift verwischen ebenso wie die zwischen einer druckstarken und einer druckschwachen. Häufig liegt es auch an den Schreibgeräten, wie beispielsweise beim Kuli oder Filzstift, mit denen nur einheitlich breite Strichstärken produziert werden können. Beim Füllfederhalter hängt die Teigigkeit oft vom Tintenfluß und der Federbreite ab. Wenn zuviel Tinte fließt, schmieren Schleifen leicht zusammen, beispielsweise beim **e**, **h** oder **l**. Bei einer kleinen Schrift sind Kleinbuchstaben wie **a** oder **o** wegen ihrer Kreisförmigkeit »gefährdet«.

Verstand und Wille

Urheber einer teigigen Schrift sind lebenspraktisch eingestellt. Die Sprache ist anschaulich. Ihre Argumentation ist lebensnah und wird durch viele Beispiele belebt. Sie verstehen es, sich in Szene zu setzen. Im allgemeinen beeindruckt ihr guter Geschmack. Dies bezieht sich auf die Selbstdarstellung in Kleidung, Manieren und Auftreten ebenso wie auf Sprache, Wohnumgebung und kulturelles Interesse.

Emotionales und soziales Verhalten

Dieser Schreibende zeigt ein friedfertiges und versöhnliches Verhalten. Er ist nachgiebig und großzügig, sein Denken ist kompromißbereit. Diese Persönlichkeit möchte dem Leben die schönen Seiten abgewinnen: Begeisterungsfähig und erlebnisoffen gestaltet sie ihren Tag und möchte alle fünf Sinne ausleben. Das macht sie gesellig und kontaktoffen. Lebensgenuß wird zur Devise!

Aufgabe

Das Fließende und Weiche weist in der teigigen Schrift – vor allem im unharmonischen Schriftbild – auf mangelnde Energie hin. Eine solche Persönlichkeit läßt sich manchmal gehen oder wirkt labil. Hier ist zu prüfen, wie belastbar sie ist, denn es gibt Anzeichen von schneller Erschöpfung, Überforderung oder Lustlosigkeit. Diese Menschen haben zu lernen, sich durchzubeißen, Durchhaltevermögen zu beweisen und sich selbst immer wieder neu zu motivieren.

Außerdem sollten sie darauf achten, daß Gefühle nicht in Stimmungen umschlagen. Sie verfallen leicht in Sentimentalität. Die Genußfreudigkeit wird häufig übertrieben. Sie sollten daher lernen, maßzuhalten und die Tendenz zu exzessivem Verhalten zu überwinden: Disziplin ist gefragt!

Sonderform

Kalligraphische Schrift

Mit einer breiten Feder ergibt sich eine dekorative und geschmackvolle Kunstschrift. Im Gegensatz zur teigigen Schrift mit gleich breitem Strich ist hier der Aufstrich dünn und der Abstrich überbreit. Diese Schreibtechnik wird als Sonderform der teigigen Schrift interpretiert.

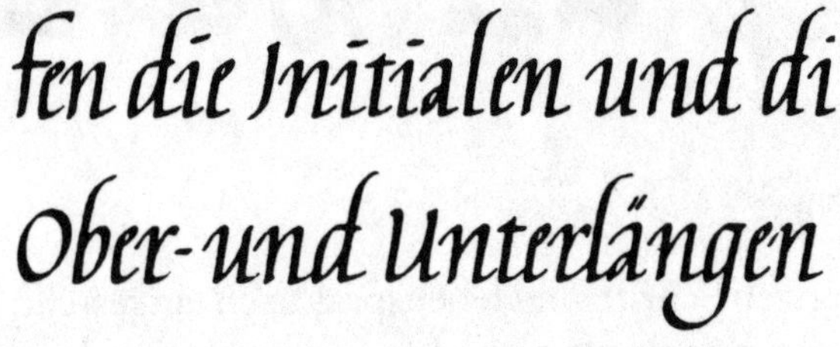

Mit der Feder geschriebene Kalligraphie.

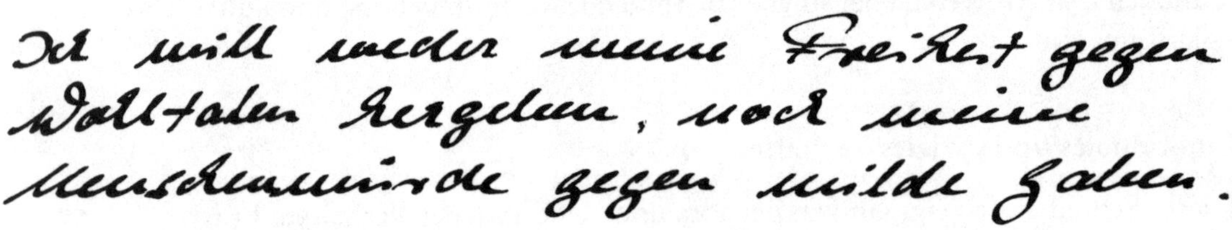

Differenziertes Denken und Handeln kennzeichnen den Schreiber. Verantwortungsgefühl und Fürsorglichkeit sind weitere Merkmale im Persönlichkeitsbild. Ordnungssinn und Ästhetik, aber auch Phantasie und originelles Verhalten gehören in diese Charakterstruktur.

Schärfe (Dünnstrich)

Mit heutigen Schreibstiften ist es kaum noch möglich, dünn und spitz zu schreiben, deshalb begegnet man ihr nur noch selten. Allenfalls Füllfederhalter mit spitzer Feder oder harte Bleistifte produzieren den dünnen Strich, der oft so dünn ausgeführt wird, daß der Strich unterbrochen ist.

Verstand und Wille

Dieses Schriftbild demonstriert Energie, Entschiedenheit und Prinzipientreue. Es hat etwas »Preußisches«. Disziplin steckt darin, aber auch eine energisch-konsequente Strichführung, was auf den Charakter des Schreibenden schließen läßt. Sein Lebenskonzept ist klar und strikt, sein Denken und Handeln sind ausgerichtet auf Korrektheit und Strebsamkeit. Wenn es nötig scheint, scheut er die Auseinandersetzung nicht. Eine solche »Konfliktnatur« ist überbetont kritisch und wenig tolerant, dafür zeichnet sie jedoch ein wacher Verstand aus. Nichts entgeht ihr, und sie achtet auf alle Details. Konvention, gutes Benehmen und formale Feinheiten sind dem Schreiber wichtig. Er ist sehr fest in seiner Meinung, die erst selbstkritisch überprüft, dann aber gegebenenfalls um so nachdrücklicher vertreten wird. Kausales Denken wird für ihn zum Maßstab aller Dinge.

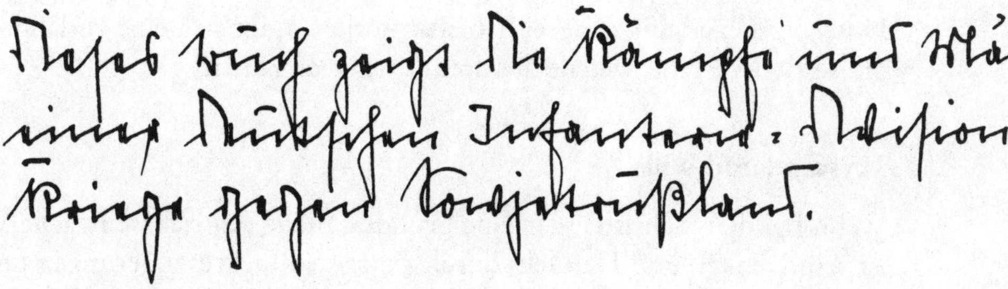

Emotionales und soziales Verhalten

Die starke Sensibilität dieses Schreibers kann unmittelbar in aggressiv-gereiztes Verhalten umschlagen. In seiner Überempfindlichkeit teilt er rigoros aus und ergreift dabei kaltherzig-verschlossen Maßnahmen, um sich abzureagieren. Ihm fehlt das sinnliche Erleben, und es ist eher eine übertrieben bescheidene, oft asketische Lebensart anzutreffen. Reserviertheit, mangelnde Beziehungsfähigkeit oder zu große Strenge machen ihn zu einem schwierigen Partner. Ein solcher Mensch ist nachtragend, unversöhnlich und verurteilend.

Aufgabe

Appell: Das Schreibgerät wechseln! Dies wäre der erste Schritt, das Leben von einer anderen Seite anzugehen. Mit weichem Strich über das Papier zu schwingen bringt auch der Seele neuen Schwung. Das Leben bietet so viele Möglichkeiten, es zu genießen und sich an ihm zu erfreuen. Ein zweiter Schritt wäre es, kooperativer zu werden und zu akzeptieren, daß es zur eigenen auch noch unendlich viele andere »richtige« Auffassungen gibt. Jeder Mensch hat seine Wahrheit, die sich aus seinen Erfahrungen gebildet hat. Einseitigkeit macht ihn jedoch einsam, und isoliert ihn von anderen. Wer es schafft, sich darüber hinwegzusetzen, der findet auch Nähe und wird von anderen sogar dabei unterstützt, sich seine persönlichen Bedürfnisse zu erfüllen.

Druckschwäche

Hier ist zwischen dünnstrichiger und druckschwacher Schrift zu unterscheiden. Eine dünnstrichige Schrift kann sehr druckstark und energisch sein, während eine druckschwache nicht zwangsläufig auch einen dünnen Strich aufweist.
Menschen, die druckschwach schreiben, zeigen in der Regel bestimmte Persönlichkeitsmerkmale, die sich in drei Kategorien einteilen lassen:

1. Antriebsschwäche
2. Sanftheit
3. Oberflächlichkeit

Unter Einbeziehung anderer Schriftkriterien ergibt sich eine verläßliche Diagnose zu der Frage, welche der drei Kategorien zutrifft.

Verstand und Wille

Wenn bei dem Schrifteigner eine grundsätzliche Antriebsschwäche vorliegt, ist sein Denken und Handeln durch Entscheidungsverzögerungen und mangelnde Stellungnahme gekennzeichnet. Sein Sicherheitsbedürfnis hat Vorrang vor neuen Unternehmungen, jedes Risiko wird ausgeschlossen. Er verhält sich passiv und möchte keine Verantwortung übernehmen.

Andererseits läßt die druckschwache Schrift auch Rückschlüsse auf die Flexibilität des Schrifteigners zu. Er zeigt sich besonders anpassungsfähig, um nirgendwo auf Widerstand zu stoßen. Dies wiederum weist auf die zweite Kategorie, die Sanftheit, hin. Sein diplomatisches Geschick und seine Intelligenz ermöglichen es dem Schreiber immer wieder, unterschiedliche Auffassungen auf einen gemeinsamen Nenner zu bringen.
Ist Oberflächlichkeit das bestimmende Persönlichkeitsmerkmal des Schreibers (Kategorie 3), so verhindern entsprechend Gleichgültigkeit, Flüchtigkeit oder mangelnde Vorbereitung oder Kenntnisse, daß er eine Sache gründlich oder mit Zielbewußtsein zu Ende durchführt.

Emotionales und soziales Verhalten

In Kategorie 1 fehlt es an kraftvollem Auftreten. Es kommt unvermittelt zu Erschöpfungszuständen und Lustlosigkeiten.

Bei Kategorie 2 ist ein Mensch feinfühlig und rücksichtsvoll. Diese Schrifteigner bemühen sich um Harmonie und sind auch bereit nachzugeben, damit der Frieden wiederhergestellt ist.

In Kategorie 3 weist die druckschwache Schrift auf Flüchtigkeit hin. Ablenkbarkeit und leichte Störbarkeit bringen eine Labilität, die von außen als Unzuverlässigkeit oder Manipulierbarkeit beurteilt werden könnte. Diese Menschen sind nicht belastbar. Dementsprechend ist ihre psychische Disposition eher als instabil einzustufen.

Aufgabe

Hier geht es um eine ganzheitlichere Energieversorgung. Eine vernünftige Lebensführung bei ausgewogener Ernährung, viel Bewegung im Freien und ausreichendem Schlaf können bei druckschwachen Schreibern bereits deutliche Verbesserungen im Verhalten hervorbringen. Eventuell ist eine Bedürfnisanalyse im geistigen (beruflichen) und seelischen (Partnerschaft und soziales Umfeld) Bereich anzuraten, die anzeigt, wo durch Unzufriedenheit und Demotivation beziehungsweise durch unerfüllte Erwartungen Energien verlorengehen.

Druckstärke

Das Unterbewußtsein entfaltet die Energie, um das auszuformen, was mitgeteilt werden soll. Jeder Widerstand, der durch das Schreibgerät oder die Beschaffenheit der Schreibunterlage entsteht, wird kraftvoll überwunden. Eine Persönlichkeit, die es gewohnt ist, sich durchzusetzen, schreibt immer mit Druck – je entschiedener, desto mehr Druck. Klarheit in dieser Frage verschafft sich der Graphologe, indem er das Blatt umdreht und prüft, ob sich die Buchstaben reliefartig auf der Rückseite abzeichnen.

Beim Kugelschreiber und bei den meisten Filzstiften oder Tintenrollern sind Schreibkopf und Flüssigkeit so gleitfähig, daß der Schreibende keinerlei Druck mehr aufwenden muß, um etwas zu Papier zu bringen. Bei Feder und Tinte oder bei einem HB-Bleistift gehört zum Schreiben noch ein gewisser Wille zur Ausformung der Schrift; denn es besteht beim Schreiben doch ein leichter Widerstand – wenn er auch nicht bewußt wahrgenommen wird.

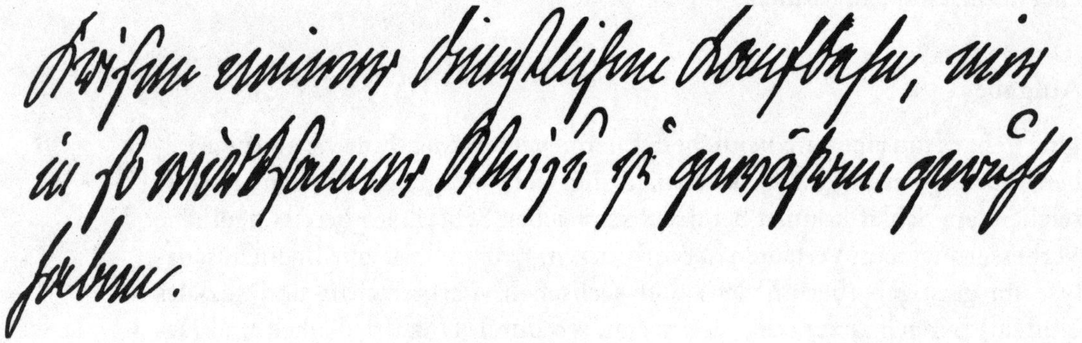

Verstand und Wille

Der Schreibende lebt ein Leben der kurzen Wege, sein Denken ist zielbewußt. Er schiebt nichts auf die lange Bank und erledigt das Schwierigste zuerst. Rational und logisch geht er an seine Aufgaben heran. Er macht sich mit Schwung an die Arbeit und hört erst auf, wenn alles getan ist. Durch diese energievolle Lebensart setzt er sich gut durch und hat Erfolg. Diese Persönlichkeit steht zu dem, was sie tut, und übernimmt Verantwortung für ihr Handeln. Sie braucht ihren Freiraum und erwartet von anderen, daß sie Vertrauen in ihre Entscheidungen haben.

In dieser Persönlichkeitsstruktur verankern sich auch Ehrgeiz und Anspruchsdenken. Bei harmonischem Schriftbild bedeutet Druck beim Abstrich auch Selbstbewußtsein und Festigkeit. Im unharmonischen Schreibfluß zeigt Druck Rechthaberei, Strenge und Rücksichtslosigkeit im Charakterbild. Es handelt sich hierbei um Menschen, die nicht verlieren können und ihre Intelligenz darauf verwenden, bei Auseinandersetzungen am Ende doch stets Sieger zu bleiben – wie auch immer.

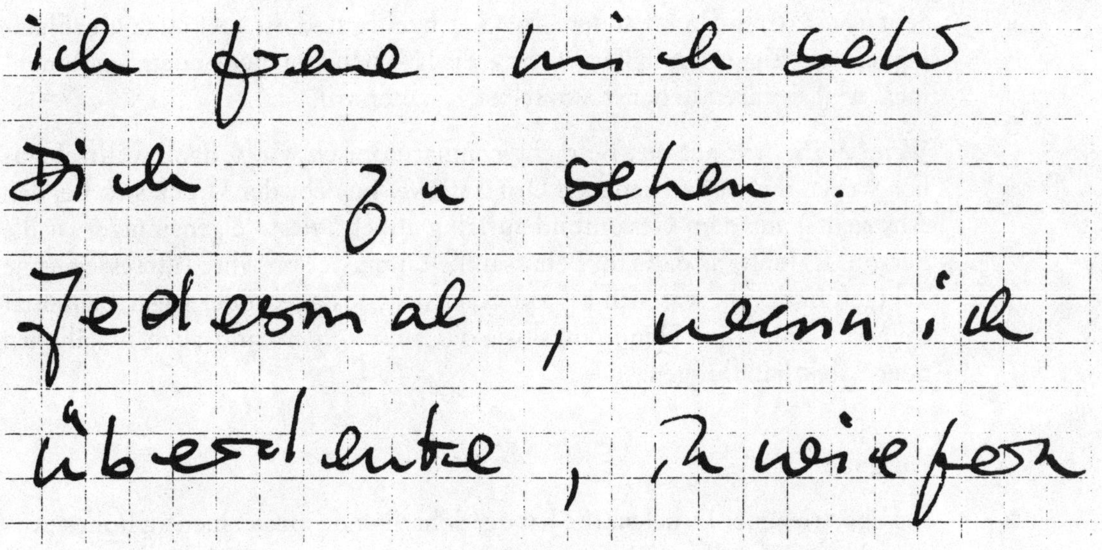

Emotionales und soziales Verhalten

Mutige Persönlichkeiten schreiben druckstark. Sie sind unternehmungsfreudig, haben einen großen Bewegungsdrang, begeistern andere und lassen sie an ihrem Optimismus und ihrer Lebensfreude teilhaben. Diese Chancenfinder kümmern sich nicht um das, was nicht geklappt hat, sondern orientieren sich an dem, was gelingen kann. Sie machen das Beste aus jeder Sache.

Druckstärke ist auch ein Anzeichen für Leidenschaftlichkeit und Spontaneität. Eine solche Persönlichkeit steht nicht schüchtern in der Ecke, sondern geht kontaktfreudig auf andere zu. Gleichzeitig sind ihr aber auch Unabhängigkeit und Eigenständigkeit wichtig. Sie läßt sich von niemandem vereinnahmen, weil sie ihren Lebensraum selbst gestalten will.

Wenn die Schrift auf den Betrachter unharmonisch wirkt, dann wahrscheinlich wegen ihrer übertriebenen Druckstärke. Je mehr der Druck sich bei den Abstrichen aus dem Gesamtbild auffällig abhebt, desto eigensinniger ist die Person. Es fehlt ihr dann an Behutsamkeit, und sie setzt ihre Interessen ohne Taktgefühl durch, was sich bis zur Rücksichtslosigkeit oder sogar Brutalität steigern kann. Ihre Hemmungslosigkeit äußert sich dann auch in Jähzorn oder Affekthandlungen.

Aufgabe

Bei übertriebener Druckstärke hat der Schreibende meist einen zu hohen Anspruch an sich selbst. Dieser Mensch nimmt sich gegenüber anderen zuviel heraus und dominiert sie oftmals in autoritärer Weise. Er sollte lernen, Respekt vor den Gedanken und Gefühlen anderer Menschen zu haben. Mehr Selbstkritik ist bei ihm angebracht. Er braucht ein Aufgabengebiet, in dem er stark gefordert ist. Bei der Bewältigung schwieriger Aufgaben hat er die Chance, bescheidener, zurückhaltender und ernsthafter zu werden. Plötzlich versteht er andere und läßt sich dankbar bei seinen Aufgaben helfen.

Sonderformen

Druckschwäche bei Unterlängen

Ein solcher Mensch lehnt seine Libido und andere Körperbedürfnisse ab. Er vernachlässigt sie ebenso wie die Lebensfreude überhaupt und kümmert sich auch zuwenig um seine Existenzsicherung.

Druckstärke bei Unterlängen

Diese Menschen legen großen Wert auf einen gehobenen materiellen Status. Besitz und Geld sind betont. Sie haben ein starkes Körperbewußtsein, dementsprechend wichtig ist ihnen Sexualität.

Druckschwäche bei Oberlängen

Es fehlt dem Schreiber an geistiger Regsamkeit. Die musischen Interessen treten hinter den Bereichen zurück, die in der Schrift durch Druck betont sind, zum Beispiel Tagesaufgaben (Mittelzone) oder materielle Zielsetzungen (Unterzone).

Druckstärke bei Oberlängen

Hier herrschen Zielbewußtsein und starker Ehrgeiz vor. Diese Persönlichkeit strebt nach geistiger Unabhängigkeit. Ihr Wissensdrang und ihre Lernbereitschaft erwachsen aus dem Wunsch, das geistige Niveau zu erhöhen und sich dadurch in der Familie, bei Freunden oder im Beruf einen besseren Status zu sichern.

Druck im Aufstrich bei Unter- und Oberlängen

In dieser Weise machen sich fehlgeleitete Energien bemerkbar: Der Schreiber setzt falsche Prioritäten und steckt seine Kraft in Unternehmungen, die nicht seiner Natur entsprechen. Er besitzt eine Tendenz zu psychischen Störungen.

Druck bei Rundungen

Selbstgefälligkeit und Rechthaberei sind hier angezeigt, in manchen Fällen auch Genußsucht. Fast immer weist dieses Merkmal auf begehrliches Wollen und Besitznahme hin.

Druck bei waagerechten Strichen

Die Autorität wird betont, um Widerstände zu überwinden. Erfahrung und Kompetenz dienen als Alibi, um Anspruchsdenken durchzusetzen. Ein energischer Fortschrittswille treibt den Schreiber an.

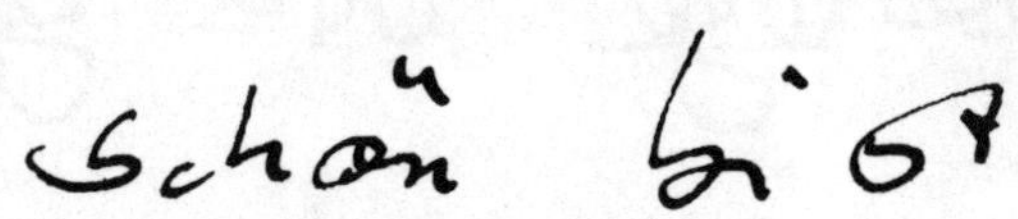

Druck am Wortende (letzter Buchstabe)

Wenn die letzten Millimeter des auslaufenden Strichs beim Schlußbuchstaben druckverstärkt werden, soll dies das zuvor Geschriebene unterstreichen. Mit Nachdruck hält der Schreibende daran fest. Der Druck im Schlußbuchstaben ist vergleichbar mit dem Setzen eines Punktes.

Schreibgeschwindigkeit

Jeder Mensch hat seinen eigenen, unverwechselbaren Rhythmus, seine eigene Schritt- und Atemlänge und bestimmte Bewegungsabläufe. Dies dokumentiert sich auch beim Schreiben.

Ob ein Text langsam oder schnell geschrieben wurde, findet der Schriftpsychologe über das Schriftbild heraus: Eine sorgfältig ausgeformte Schrift, die sich wie gemalt präsentiert, wurde langsam geschrieben. Die schnelle Schrift zeigt die Eile beispielsweise in fadenähnlich auslaufenden Wortenden, in nach rechts verzogenen Oberzeichen oder in einer starken Rechtsschräge.

Langsames Schreiben

Deutlichster Anhaltspunkt hierfür ist eine typische »Schulschrift«, in der aus Ungeübtheit besondere Sorgfalt auf jeden Buchstaben verwendet wird. Das langsame Schreiben hat etwas Unlebendiges: Der Schrifteigner traut sich nicht, die Eigenwilligkeit seiner Persönlichkeit einfließen zu lassen. Die Schrift paßt sich der Norm (Schulvorlage) an.

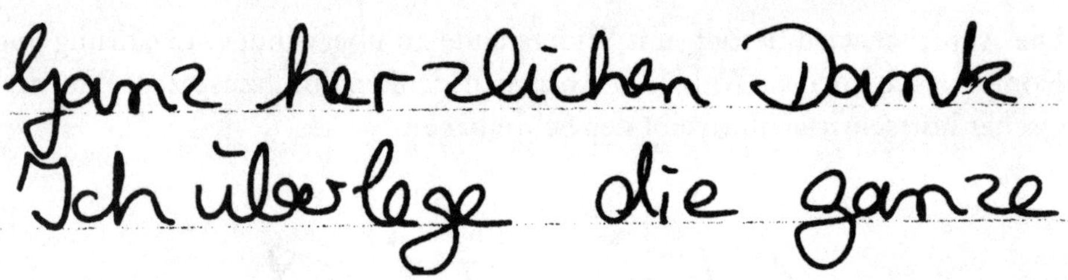

Verstand und Wille

Beim langsamen Schreiben bleibt ausreichend Zeit, alles zu beachten, und es spiegelt Umsicht und Sorgfalt. Der Schreibende übersieht nichts, denkt an alles und zeigt Perfektionismus. In dieser Gewissenhaftigkeit verankert sich auch eine hohe Konzentration. Ein solcher Mensch läßt sich nicht ablenken, und er erledigt seine Aufgaben methodisch und systematisch. Spontaneität oder schnelle Auffassung darf man zwar nicht von ihm erwarten, dafür ist er jedoch ausgesprochen zielstrebig und besteht auf absoluter Korrektheit. Seine im ganzen mangelnde Beweglichkeit wird durch seine Zuverlässigkeit ausgeglichen.

In einer unharmonisch wirkenden Schrift weist das langsame Schreiben auf sture Eigensinnigkeit hin. Dann fehlt es dem Schreiber auch an Übersicht und Kombinationsfähigkeit. Mit Pedanterie und Bürokratismus strapaziert er seine Mitmenschen.

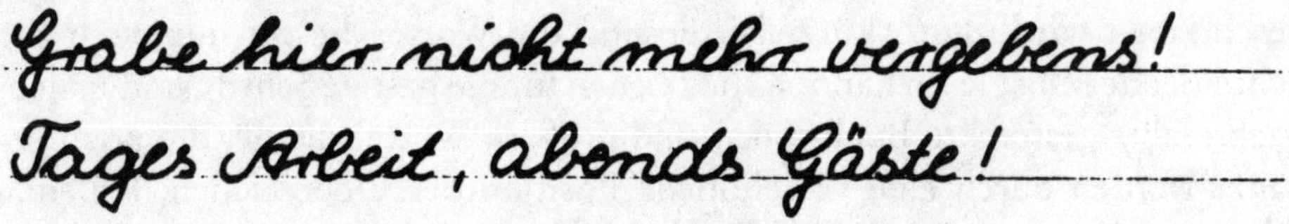

Emotionales und soziales Verhalten

Nichts kann so dringend sein, daß man sich deshalb in Stress versetzen müßte! Diese Menschen zeichnen sich durch Geduld und Beständigkeit aus. Sie warten ab, erfüllen ihre Pflichten und vertrauen dementsprechend auf gute Ergebnisse. Sie stehen zu dem, was sie sagen, und auch zu denen, die sie ins Herz geschlossen haben.

Wenn das Schriftbild unausgewogen ist oder unbeholfen wirkt, dann ist das Charakterbild von Phlegma, Langweiligkeit oder Angepaßtheit bestimmt.

Aufgabe

Die so Schreibenden schielen zu sehr nach links und rechts: Was darf man, was nicht? Was meinen die anderen? Es braucht mehr Mut, sich selbst zu sein und sein Wollen und Können nach außen deutlicher einzubringen. Dazu gehören Unternehmungen, in denen Wettbewerb und Austausch stattfinden. Sich zu zeigen ist der erste Schritt zu einer starken Persönlichkeit.

Schnelles Schreiben

Wer in Eile ist oder den Kopf voll hat mit dem, was er mitteilen möchte, wird sich nicht lange mit einer Schönschrift aufhalten, sondern versuchen, seine Informationen so schnell wie möglich über das Papier weiterzugeben. Je eiliger geschrieben wird, desto kürzelhafter sind die Worte, die oft nur noch der Schreibende selbst lesen kann. Kennzeichen für die hastige Schrift sind Fäden, nach rechts gestreckte Buchstaben und größere Wortabstände, die noch ergänzt werden durch eine verschobene Position der Oberzeichen, fehlende Oberzeichen oder auseinanderfallende Wortstämme.

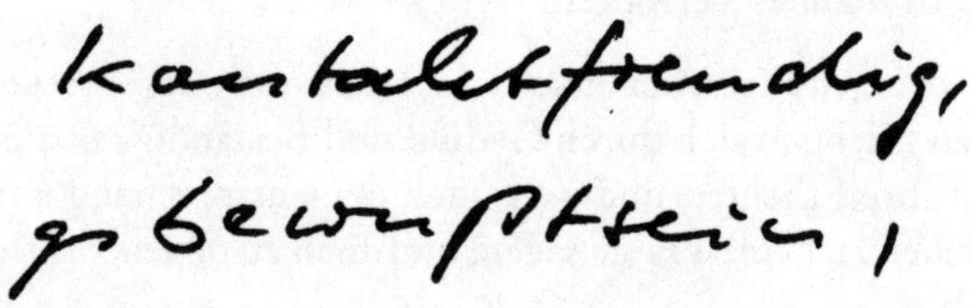

Verstand und Wille

Schnellschreibende sind tatkräftig und ergreifen Gelegenheiten beim Schopf. Sie gehen ihre Aufgaben kreativ und initiativ an. Ihre Geistesgegenwart macht sie schlagfertig. Ziele sind für sie dazu da, daß man sie schnellstmöglich erreicht. So erwarten sie auch von den Empfängern ihrer Schreiben, daß sie schnell reagieren, denn Verzögerungen machen sie ungeduldig. Schnellschreibende sind engagiert und fleißig und arbeiten stets an mehreren Projekten gleichzeitig. In ihrem Schriftbild zeigen sich Vitalität und Dynamik, diese Eigenschaften bestimmen auch ihre Persönlichkeitsstruktur.

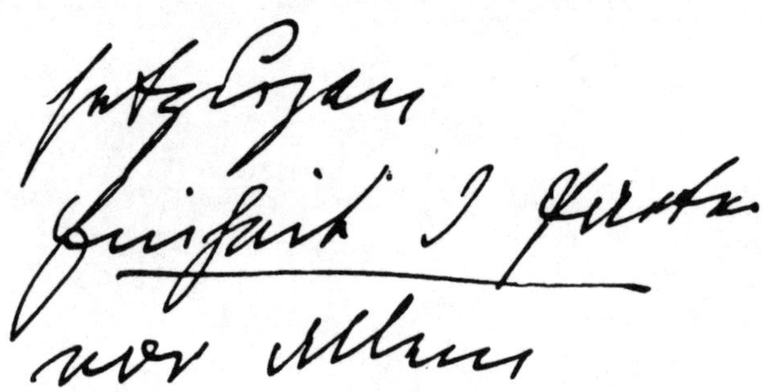

Emotionales und soziales Verhalten

Temperamentvoll und leidenschaftlich, erobernd, kontaktschnell und offensiv in der Kommunikation gehen Schnellschreiber selbstbewußt auf andere Menschen zu. Sie motivieren, ziehen mit und handeln.

In einer flüchtig-verwaschenen Schrift entdeckt der Graphologe Anzeichen für Leichtsinn, Oberflächlichkeit oder Gleichgültigkeit. Wenn die Form sich vollends auflöst, herrscht Chaos beim Schreiber. Wer alles will, findet meist gar nichts. Er agiert ungeduldig, gereizt und panisch. Stress, Gehetztheit und Zeitnot führen zu Fehlverhalten.

Aufgabe

Überbelastung sollte abgebaut werden! Das schnelle Schreiben »schlägt« zwar das langsame, aber nur bei gleicher Qualität. Der Schreiber sollte sein Temperament etwas disziplinieren, denn mehr Ruhe schafft eine bessere Kommunikation und Akzeptanz. Bei der Arbeit fördern Einteilung und Pausendisziplin Glaubwürdigkeit und Erfolg.

Rhythmus

Die Dynamik einer Schrift setzt sich aus verschiedenen Komponenten zusammen. Bevor Einzelmerkmale untersucht werden, geht es aber um den Gesamteindruck des Bewegungsablaufs. Dazu dreht man das Schriftstück auf den Kopf und läßt Rhythmik, Tempo und Neigungswinkel auf sich wirken. Wo sind Unregelmäßigkeiten im Gesamtbild zu entdecken?

Um den Rhythmus einer Handschrift zu definieren, haben die Schriftpsychologen wie Ludwig Klages, Max Pulver oder J. Crépieux-Jamin Begriffe geprägt, wie beispielsweise Ebenmaß, Formrhythmus, Regelmäßigkeit. Kernstück ist die Aussage über das Strukturganze einer Persönlichkeit und darin letztlich eine überzeugende Beschreibung der von innen nach außen fließenden Energie.

Regelmäßige Schrift

Hier ist alles geordnet und im Gleichklang: Die Druckunterschiede haben Rhythmus, die Zeilen laufen parallel, die Buchstaben oder Wortabstände sind einheitlich. Der Begriff sagt es schon: eine regel-mäßige Schrift hält sich an die Regeln. Individuelles ist vorhanden, es wird jedoch eingeordnet in ein Gesamtbild, das durch Ordnung und formale Ausgewogenheit bestimmt ist.

Eine solche Schrift kann sehr ästhetisch sein. Schon beim Betrachten ist man angetan von ihrer Gleichmäßigkeit und stellt sich einen ausgeglichenen und gelassenen Menschen vor. Ihm können auch gute Manieren, Geschmack und Kultiviertheit zugesprochen werden.

Allerdings ist zu prüfen, ob eine regelmäßige Schrift durch Dynamik geprägt wird oder durch Kraftlosigkeit. Dann hat sie etwas Schablonenhaftes und Unlebendiges, die Echtheit des persönlichen Ausdrucks ist verlorengegangen. Meist dominiert Formalistisches. Man weiß letztlich nicht, was für ein Mensch sich hinter der Fassade verbirgt.

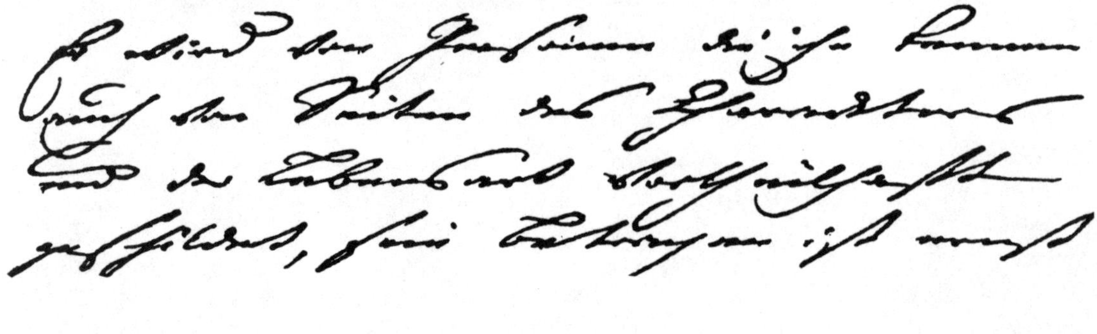

Die Regelmäßigkeit zeigt sowohl bei der harmonischen als auch bei der unharmonischen Schrift, daß der Wille das Leben des Schreibenden bestimmt.

Verstand und Wille

Diese Menschen haben ihre Gedanken und Handlungen fest im Griff und vermeiden spontane Entschlüsse. Sie haben ihren Plan und halten sich pflichtbewußt und verantwortungsvoll daran. Dabei bleiben sie sich treu und lassen sich nicht von ihrem Ziel abbringen.
Zuverlässigkeit gehört ebenso in ihr Charakterbild wie Selbstdisziplin. Sie brauchen klare Verhältnisse und ein Zeit- und Ordnungsschema, nach dem sie sich richten. Das Leben wird überschaubar gemacht. Prioritäten werden gesetzt, und alles hat seinen Platz. Solche Menschen streben nach einem harmonischen Ausgleich aller Kräfte.

über "Tree-Hugging" (Bäume-Umarmen).
dazu suche ich Literatur. kannst du
mir dabei behilflich sein, lieber freund?

Emotionales und soziales Verhalten

Die Diszipliniertheit einer Schrift gibt einen Eindruck von der Willensstärke ihres Schreibers. In gleicher Weise werden auch seine emotionalen Ausdrucksformen vital präsentiert. Seine Persönlichkeit zeichnet sich jedoch weniger durch Temperament, sondern eher durch innere Festigkeit aus. In partnerschaftlicher Hinsicht überwiegt bei ihm Treue und Hilfsbereitschaft. Ein solcher Mensch ist bereit, sich für die Gemeinschaft einzusetzen und auch persönliche Interessen aufzugeben, wenn es seinen Wertvorstellungen entspricht. Er sieht vieles in größeren Zusammenhängen und verfügt über eine innere Beziehung zu ethisch-moralischen Prinzipien. Dabei wird seine Festigkeit zu Gewissenhaftigkeit; dies meint bedingungslose Treue zu sich und dem, was man für sich als richtig erkennt.

Bei einer unharmonischen Schrift verkehrt sich dieses Bild. Das Geschriebene wirkt hier erstarrt, gezwungen und gekünstelt. Dieser Schreiber lebt unter Zwängen oder Abhängigkeiten. Was ihm selbst als Prinzipientreue und Eindeutigkeit erscheint, ist für sein Umfeld Engstirnigkeit, Intoleranz und Verbohrtheit. So isoliert er sich zunehmend.

Hinter der regelmäßigen Schrift im unharmonischen Schriftbild kann sich auch eine Persönlichkeit verbergen, die in Erziehung, Milieu oder gesellschaftlichen Normen gefangen ist. Ein solcher Mensch ist ängstlich-gehemmt, er will nur ja nicht auffallen, nur ja nichts falsch machen. Seine charakterliche Entwicklung stockt, er ist manipulierbar. Je nach Alter des Menschen steht deshalb die regelmäßige Schrift, wenn sie zu steif und leblos ist, für eine unreife Persönlichkeit.

Aufgabe

Zum Ziel wird, Wege aus Abhängigkeiten zu finden. Der Mensch hat sich darauf zu besinnen, was er eigentlich möchte. Angst ist ein schlechter Ratgeber. Der Entwicklungsweg führt über mehr Geselligkeit und Freundschaften in einen lebendigeren Austausch. Wer sich in die Gemeinschaft hineinwagt, lernt neben den Schwächen vor allem seine Stärken kennen. Es ist in jedem eine große Kraft, sich im Leben zu behaupten. Deshalb werden sich gerade in schwierigen Lebensphasen diese Energiequellen aktivieren. Dieser Mensch wird aber Möglichkeiten schaffen müssen, um aus bestehenden Verhaltensmustern, Begrenzungen und anderen Angepaßtheiten herausfinden. Nur so kann er im Leben wachsen und sich entfalten.

Unregelmäßige Schrift

Es braucht viel Erfahrung, wenn man über Rhythmus und Regel- oder Unregelmäßigkeit einer Schrift treffende Aussagen machen will.

Merkmale für eine unregelmäßige Schrift:

- Die Mittelzone ist wechselweise niedriger oder erhöht.
- Starke Unterschiede im Neigungswinkel der Schrift.
- Verschobene Größenverhältnisse zwischen Groß- und Kleinbuchstaben.
- Unvermittelte Veränderungen zwischen eng und weit geschriebenen Wörtern.
- Vom Zeilenanfang bis zum -ende oder innerhalb der Wörter ansteigende Buchstaben.
- Die Wörter sind unterschiedlich groß geschrieben.
- Kleiner werdende Buchstaben in der Zeile oder in einzelnen Wörtern.
- Die Zeilen schwanken.
- Richtungswechsel in den Zeilen: mal steigend und mal fallend.
- Unregelmäßiger Druck.

Verstand und Wille

In der positiven Bewertung schildert die unregelmäßige Schrift einen flexiblen Menschen, der gewandt, diplomatisch und ausgleichend ist. Seine Allgemeinbildung ist ausgezeichnet. Das Unregelmäßige einer Schrift zeigt aber auch, wie individualistisch dieser Mensch ist: Er hält sich nicht an Konventionen.

Freiwilligkeit und Freiraum sind ihm wichtiger als alles andere. Gegen Zwänge oder gesellschaftliche Rücksichtnahmen wehrt er sich. Bei extremer Unregelmäßigkeit überwiegen Instabilität und Unberechenbarkeit.

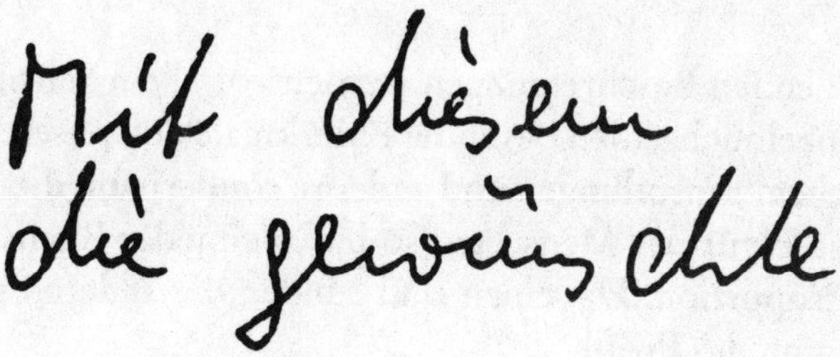

Emotionales und soziales Verhalten

Spontan zu handeln gehört ebenso in das Lebensbild dieses Schreibers wie das unvermittelte Aussteigen aus Überholtem. Dieser Schrifttypus gibt dem Psychologen Hinweise auf ein durchsetzungsfähiges, aber gleichzeitig auch unbeherrschtes Verhalten. Bei diesem Menschen muß man mit allem rechnen. Er ist immer für Überraschungen gut – für angenehme, aber auch für exzentrische. Leidenschaftlichkeit geht bei ihm in Anlehnungsbedürfnis über, Zuversicht in Verzagtheit. Ein solcher Mensch lebt ganz aus dem Jetzt heraus. Emotionale Impulse bestimmen seine Handlungen.

Aufgabe

Zentrales Anliegen sollte sein, sich die originelle Lebensweise mit aller Kreativität und inneren Leidenschaft zu erhalten und trotzdem zu mehr Kontinuität zu finden. Diese Menschen sollten berechenbarer für ihre Mitmenschen werden, weil nur so Zuverlässigkeit und Zuordnung für sie möglich sind. Mehr für andere und mit anderen tun – sollte ihre Devise werden. Zu dieser Aufgabe gehört es, Gemeinsamkeit und Kooperation zu finden, ohne die Individualität preiszugeben.

Schriftvolumen

In den nachfolgenden Beschreibungen werden vor allem Schriften angesprochen, deren Einzelbuchstaben besondere Merkmale aufweisen. Dabei geht es nicht um Häkchen, Einrollungen und anderes, sondern um die Ausgestaltung an sich. Wie die Figur des Menschen, so hat auch jeder Buchstabe Gewicht, Umfang und Proportion. Die einen sind runder, die anderen schlanker. Das Volumen bestimmt das Profil.

Stilisierte Schrift

Bei ihr sind die Buchstaben von allem Überflüssigem befreit. Der Schreiber entscheidet sich für ein Minimum an Ausformung, das erhalten bleiben muß, damit ein Buchstabe erkannt und vom Leser ohne Unterbrechung in den Lesefluß eingeordnet werden kann. Der Buchstabe bleibt in seiner Charakteristik erhalten.

Verstand und Wille

Der Schreiber hat eine schnelle Auffassungsgabe. Er unterscheidet zwischen Wichtigem und Unwichtigem und teilt sich mit Organisationstalent Zeit und Aufgaben ein. Alles wird zügig erledigt. Der Schreibende legt Wert auf Transparenz und Klarheit, sein Urteil ist ausgewogen. Er achtet auf das, was hinter den Dingen sichtbar wird. Sein Denken und Handeln ist funktional, praktisch und konstruktiv. Er kommt schnell zum Kern der Sache. Je nach Grad der Stilisierung gibt es Hinweise auf Kreativität und sogar Genialität.

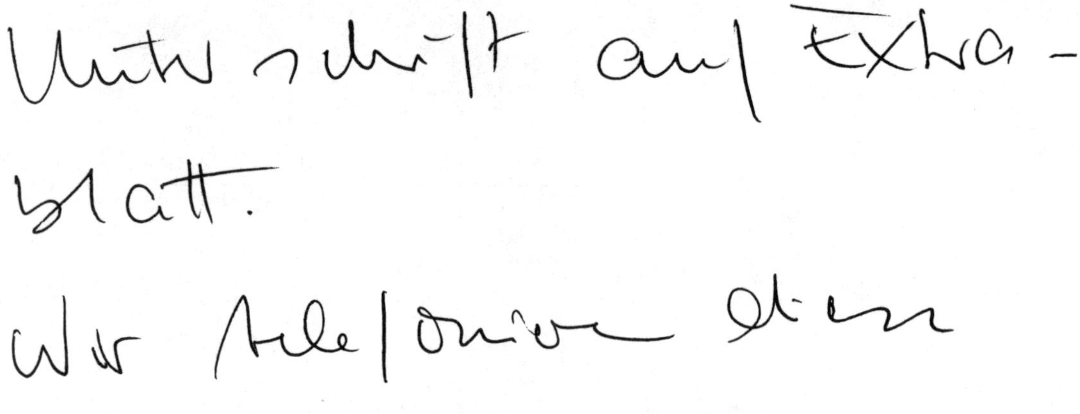

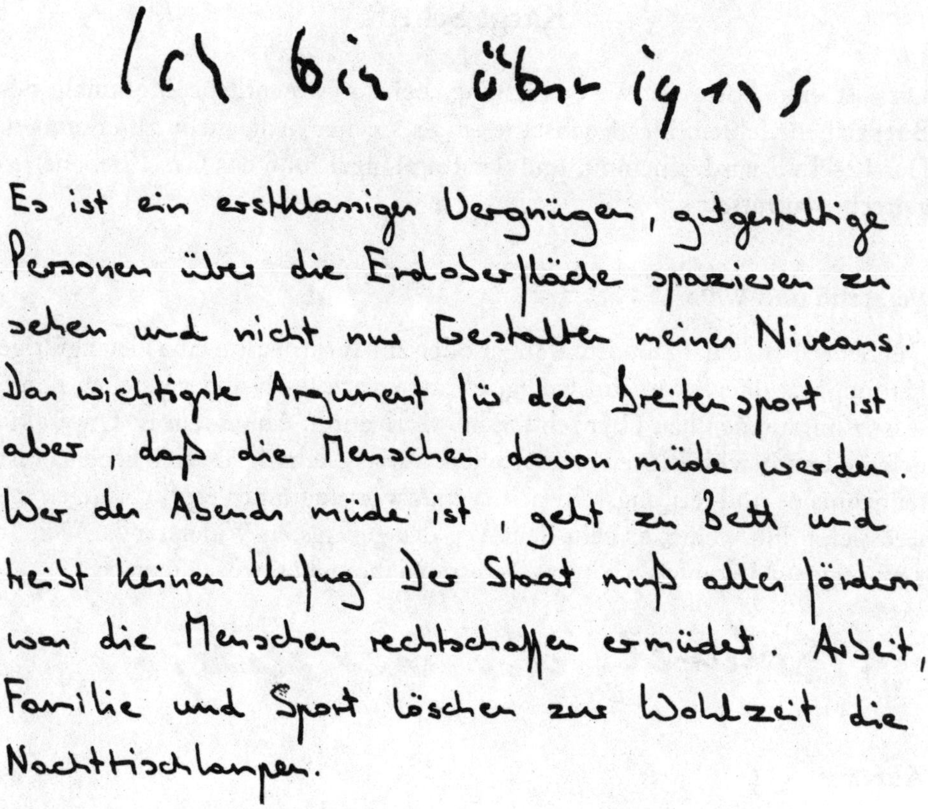

Emotionales und soziales Verhalten

Durch Weglassen von Details wird die Schrift noch stärker akzentuiert, was ein Widerspruch zu sein scheint. Es liegt in dieser auf das Wesentliche reduzierten Form jedoch auch eine Art von Kreativität, die den Buchstaben hervorhebt – vergleichbar mit einem modernen Maler, der Menschen und Objekte mit wenigen Strichen skizziert. So kommt bei dieser Persönlichkeit eine großzügige Lebensart zum Vorschein. Dieser Mensch verstellt sich nicht und ist vielleicht auf der Suche nach einer unkonventionellen Lebensform. Seine Umgebung weiß, woran sie mit diesem Menschen ist. Er ist ein guter Ratgeber, weil er Sachverhalte schnell durchschaut. Außerdem verfügt er über eine gute Menschenkenntnis. Eine solche Persönlichkeit kann sehr selbstbewußt, manchmal gar selbstgefällig sein. Dieses elitäre Verhalten ist allerdings oft die Grundlage für ihre Kreativität.

Karge Schrift

Dies ist eine Form der Vereinfachung, bei der wesentliche Merkmale des Buchstabens fehlen. Der Buchstabe ist als solcher nicht mehr zu erkennen. Der Lesefluß wird gehemmt, und der Empfänger muß das Geschriebene regelrecht »enträtseln«.

Verstand und Wille

Der Schreibende hat zum Empfänger oder zur Information eine gleichgültige Haltung. Es interessiert ihn wenig, ob man auch lesen und verstehen kann, was er mitzuteilen hat. Hier fehlt es an Motivation. Außerdem ist Unpünktlichkeit und Nachlässigkeit festzustellen. Dieser Mensch läßt sich gehen, er ist teilnahmslos und leistungsschwach. Verantwortung und Verpflichtungen interessieren ihn wenig, er geht den Weg des geringsten Widerstands. Weil er keine eigene Meinung vertritt, weiß man bei ihm nicht, woran man ist.

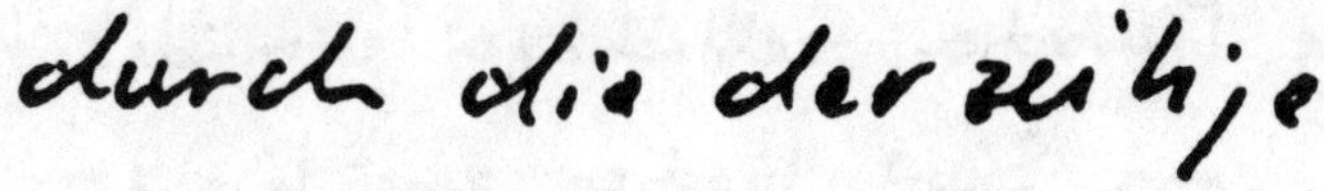

Aufgabe

Diese Menschen haben im Verlauf ihres Lebens – oder speziell in dem Lebensabschnitt, in dem sie karg schreiben – herauszufinden, was sie wirklich wollen. Sie sollten die Motive ihres Tuns prüfen und sich dann mit aller Kraft dem widmen, was ihnen wichtig ist. Erfolg sollte als das Ergebnis von Engagement erlebt werden können.

Erweiterte Schrift (Bereicherung)

Das Gegenteil der vereinfachten Schrift ist die verschnörkelte, ausgeschmückte Schrift. Meist sind es die Großbuchstaben zu Beginn eines Wortes, die schwungvoll erweitert werden. Der Schriftpsychologe prüft, ob diese Ausschmückung zur Gesamtgestaltung paßt oder ob sie eher gekünstelt wirkt.

Verstand und Wille

Angereicherte Buchstaben, insbesondere in der Oberzone, geben Informationen über Phantasie und geistige Interessen des Schreibers. Bei originellen oder kunstvollen Ausformungen handelt es sich um ideenreiche Menschen mit einem besonderen Geschmack. Insgesamt schreiben so Menschen mit hoher Aktivität, die gestalten und produzieren wollen.

Wenn die Ausschmückungen unnatürlich wirken, zeigt sich ein übertriebenes Geltungsbedürfnis, eventuell sogar Angeberei und Selbstüberschätzung.

Emotionales und soziales Verhalten

Diese Menschen sind begeisterungsfähig. Sie sind optimistisch und trauen sich etwas zu. Mit Schwung machen sie sich an ihre Aufgaben und scheuen vor Herausforderungen nicht zurück. Das Leben bringt ihnen Freude und sie zeigen spontan ihre Gefühle. Als Lebenskünstler schöpfen sie aus dem vollen. Luxus und Schönes sind ihnen wichtig, und sie verstehen es, dem Leben die besten Seiten abzugewinnen.

Aufgabe

Sie sollten das rechte Maß finden und eine Substanz bilden, die jeder Kritik standhält!

Magere Schrift

Bei der mageren Schrift fehlen den Buchstaben meist die Schleifen. Abrundungen werden übergangen oder verzogen.

Verstand und Wille

Der Verstand dominiert. Unbeugsamkeit und Direktheit kennzeichnen das Persönlichkeitsbild. Logisch und sachlich-nüchtern gestalten sie ihr Leben. Alles wird durchorganisiert und vor allem wegrationalisiert, was nicht direkten Nutzen bringt. Die Schreibenden zeigen in ihrem Charakterbild Rechthaberei und fehlende Flexibilität. Das Denken ist zweckorientiert.

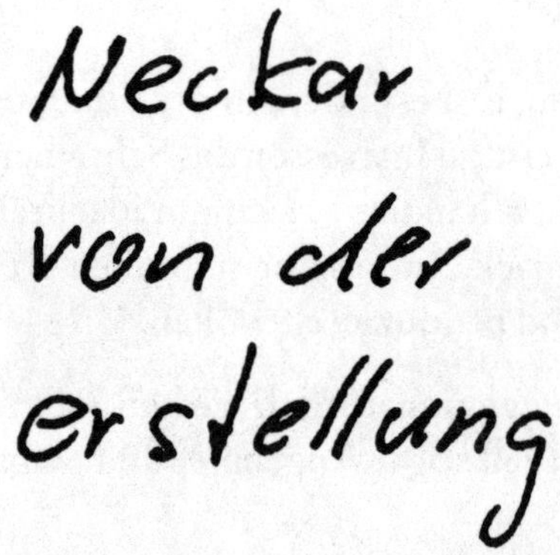

Emotionales und soziales Verhalten

Diese Menschen wollen nicht auffallen. Sie äußern ihre Gefühle selten und sind ängstlich darauf bedacht, nach außen stets eine beherrschte, unbestechliche und unbeeindruckte Haltung zu zeigen. Spontane Gefühlsäußerungen anderer berühren sie eher peinlich. Solche Persönlichkeiten verhalten sich reserviert und sagen nur das Nötigste. Ihnen fehlt die Fähigkeit zum sinnlichen Genuß. Sie sind eher nüchtern.

Aufgabe

Oft findet man die magere Schrift bei Personen, die sich in Lebenskrisen befinden, ob durch eine Trennung, den Tod eines nahestehenden Menschen, den Verlust des Arbeitsplatzes, eine Fehlgeburt oder ein anderes schwerwiegendes Ereignis. Dieser Mensch sollte wieder ins Leben zurückfinden. Dazu braucht er Freunde und viel Anregung von außen. Der Schreibende wünscht sich Bestätigung und Erfolgserlebnisse, die sein Selbstwertgefühl erhöhen. Bei zunehmender Anerkennung von außen beginnt sich die magere Schrift wieder aufzufüllen. Das Selbstwertgefühl des Schreibers verstärkt sich, dementsprechend wird seine Schrift wieder reicher.

Volle Schrift (Völle)

Die Schrift wirkt rund und weich, weil in ihr die Mittelzone stark ausgeformt wird. Die Oberzone erscheint verkürzt. Die Unterzone wird in den Schleifen zwar auch betont, reicht aber nicht so tief. Markant sind bei der vollen Schrift die Rundbögen der Kleinbuchstaben (siehe **b**). Sie geben dem Schriftbild einen ruhigen, konfliktfreien Ausdruck, alles wirkt harmonisch.

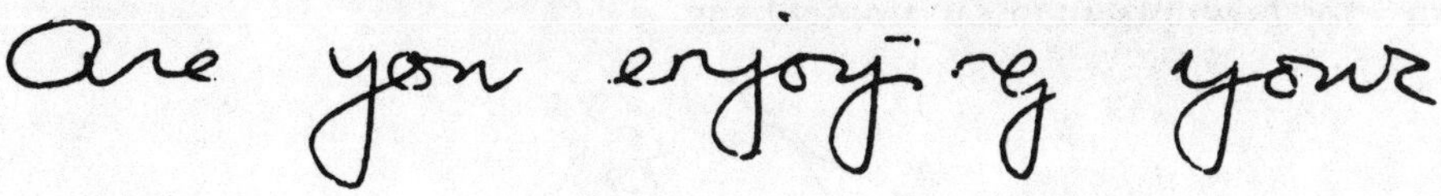

Verstand und Wille

Sind in einer vollrunden Schrift die *Unterlängen* mit ausladenden Schleifen geformt, so läßt dies auf eine große Genußfähigkeit schließen; auch Bequemlichkeit ist angezeigt.

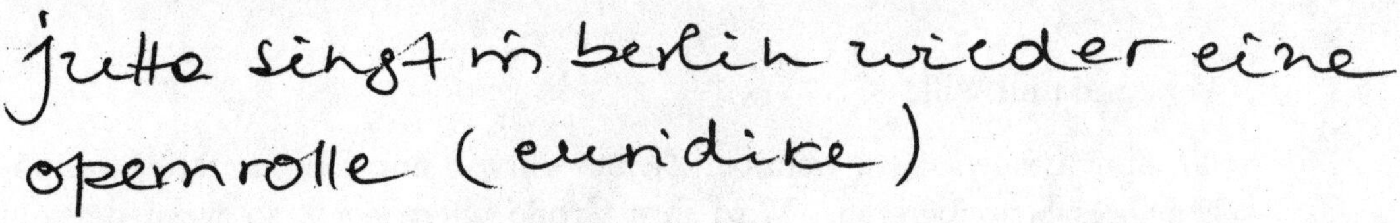

In der *Mittelzone* werden die Rundformen und eine proportional größere Buchstabengestaltung als Wunsch des Schreibers nach Geltung gedeutet. Alles wird wichtig genommen und für jedermann sichtbar dargestellt. Man schiebt sich mit seinem Tun nach vorn. Allerdings deutet diese Schreibweise auch auf Friedfertigkeit und Anteilnahme hin. Diese Menschen nehmen ihre Verpflichtungen ernst. Die reichen Schleifen in den *Oberlängen* zeigen Phantasie, geistige Regsamkeit und Erlebnisfähigkeit.

Emotionales und soziales Verhalten

Die Zonenunterschiede sind in der Interpretation der vollen Schrift nicht so deutlich zu differenzieren wie bei der mageren Schreibweise. Die Betonung in der Unterlänge weist mehr auf die Sexualität, Sinnlichkeit und leibliche Genüsse hin. Die Mittelzone spiegelt die Einstellung, mit der ein Mensch an seine Tagesaufgaben herangeht. Die Schleifen an den Oberlängen weisen auf Charme, Geselligkeit und Unternehmensfreude hin.

Die volle Schrift ist ein Merkmal für Warmherzigkeit. Das Gemüthafte kennzeichnet die Persönlichkeit. Wer so schreibt, schaut voller Zuversicht in die Zukunft. Für eine solche Persönlichkeit ist es von besonderer Bedeutung, das Leben mit anderen Menschen zusammen zu gestalten. Sie ist kooperativ, kontaktfreudig und mitteilsam. Ihre Teamfähigkeit ist ausgeprägt, und sie widmet sich mit viel Verständnis und Fürsorglichkeit ihren Mitmenschen.

Großbuchstaben

Dem Beginn einer schriftlichen Information kommt besondere Bedeutung zu. Der Schreibende eröffnet seine Mitteilung mit einem Großbuchstaben. Er begibt sich konzentriert und überzeugt in diesen Vorgang, denn seine gesamte Präsentation ist damit verbunden. Jeder weiß, wie wichtig der erste Eindruck ist. Großbuchstaben stehen demnach immer mit der Form des Auftretens und dem Selbstbewußtsein in Zusammenhang.

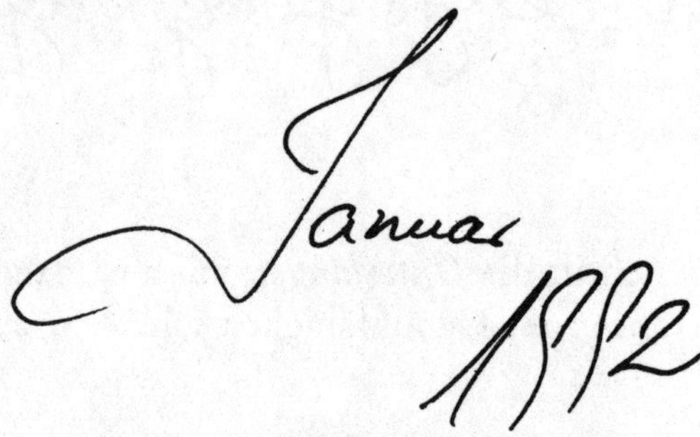

Verstand und Wille

Großbuchstaben sagen viel über Zielbewußtsein und Durchsetzungsvermögen ihres Schreibers aus. Wird ihre Größe übertrieben, so weist dies auf Selbstüberschätzung und auch auf Arroganz hin. Wer so schreibt, läßt niemanden neben sich gelten. Er spielt alle gegen die Wand. In Verbindung mit Projektionsstrichen deuten Großbuchstaben auch auf ein autoritäres Verhalten hin.

Emotionales und soziales Verhalten

Die Schreibenden präsentieren sich selbstbewußt. Sie zeigen Führungsqualitäten und gefallen sich in großmütigem Wohlwollen. Bei unharmonischen Schriften stellt man Selbstgefälligkeit und Angeberei fest.

Aufgabe

Wenn Großbuchstaben in Relation zur Mittel- und Unterzone zu klein geraten, dann fehlt es an Selbstbewußtsein.
Bei überbetont großen Buchstaben am Wortanfang ist es die Aufgabe des Schreibers, sich mehr zurückzunehmen und bescheidener aufzutreten. Manche Ablehnung kann darauf zurückzuführen sein, daß der Schreibende sich zu selbstbewußt oder zu überheblich verhält und dabei Sympathien verliert. Fehlende innere Substanz wird überdeckt mit Effekthascherei.

Auf- und Endstriche

Schreibtechnisch entstehen Aufstriche aus der ichbezogenen Seite des Schreibers (siehe Graphologisches Kreuz, S. 159). Dabei kann beispielsweise eine starke Mutterbindung eine Rolle spielen oder andere vergangenheitsorientierte Komponenten.

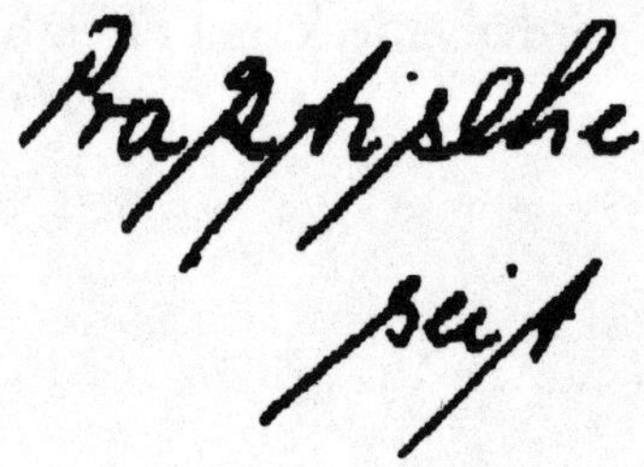

In der Mittelzone bedeuten Aufstriche bei Kleinbuchstaben als sogenannte *Stützstriche* Anlehnungsbedürfnis und Unselbständigkeit der Schreibenden.

Bei Aufstrichen oder Stützstrichen, die tief in der Unterzone beginnen, werden die Ich-Interessen im materiellen und im Statusbereich hervorgehoben.

Mit Endstrichen sind nicht nur auslaufende Striche, sondern auch Buchstaben gemeint, die am Wort- oder Zeilenende aus der Schriftform herausfallen.

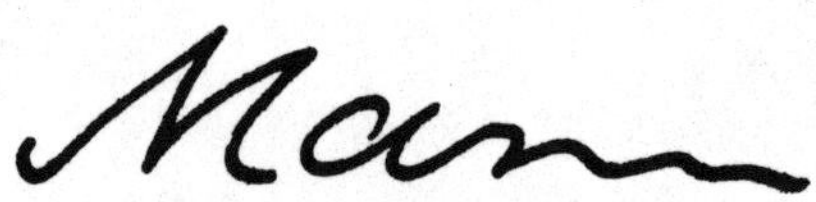

Fadenähnliche Endbuchstaben

Sie sind ein Merkmal für diplomatisches Geschick, aber auch für Eile und Gleichgültigkeit des Schreibers gegenüber dem Empfänger seines Schreibens.

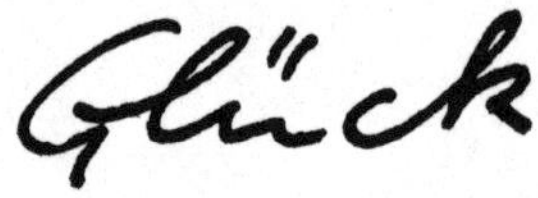

Aufsteigende Schlußbuchstaben

Hier kommt eine optimistische Grundeinstellung des Schriftteigners zum Ausdruck, die allerdings auf ihren Realitätsbezug überprüft werden muß.

Absteigende Schlußbuchstaben

Diese Menschen können angefangene Unternehmungen nur schwer zu Ende führen. Ihre Energie fällt plötzlich stark ab, so daß sie oft kurz vor dem Ziel aufgeben. Durch eine realistischere Planung könnten sie ihre Kräfte sinnvoller einteilen.

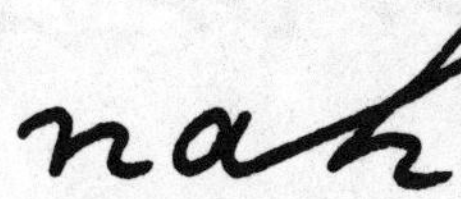

Stark rechtsschräge Wortenden

Dieser Mensch läßt sich gehen. Er übertreibt sein Kontaktbedürfnis und kann daher aufdringlich wirken, besonders weil es ihm an Taktgefühl fehlt. Er fällt mit der Tür ins Haus.

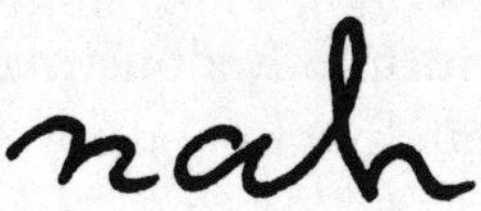

Aufgerichtete oder linksschräge Wortenden

Eine solche Persönlichkeit kann keine Nähe zulassen, ist mißtrauisch und schirmt sich von anderen ab. Sie läßt sich nicht in die Karten schauen. Man muß im letzten Moment mit einem Rückzieher rechnen.

Waagerecht auslaufende Endstriche

Der Schreiber ist fortschrittsorientiert und ehrgeizig. Um seine Ziele zu erreichen, sucht er Unterstützung und hat keine Scheu, sich nützliche Beziehungen aufzubauen.

Endbuchstaben größer

Innere Festigkeit und die Fähigkeit zur Selbstbehauptung zeichnen diese Persönlichkeit aus.

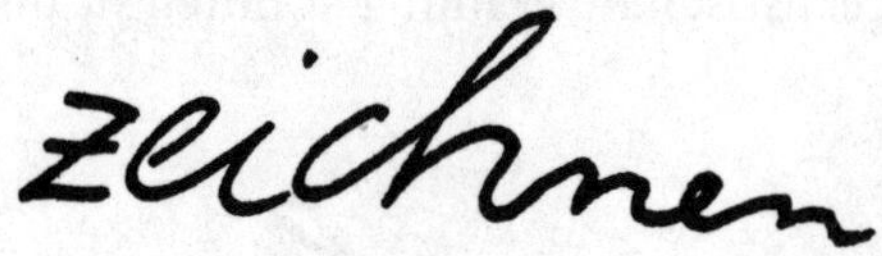

Endbuchstaben kleiner

Im Kontakt mit dem Du ist dieser Schreiber rücksichtsvoll und möchte auf die Bedürfnisse des anderen eingehen.

Endbuchstaben ausgeformt und druckstark

Dies zeugt von Durchsetzungsvermögen, Behauptungswillen und konstanter Energie. Außerdem sind so geformte Endbuchstaben ein Hinweis auf Entschlußfähigkeit, einen klaren Standpunkt und Sorgfalt.

Oberzeichen

Nur die Buchstaben **i, j, ä, ö, ü** haben Oberzeichen. So unauffällig diese sind, so bedeutungsvoll sind sie für die Interpretation. Dabei ist wichtig, wo genau sie gesetzt werden – über dem Buchstaben, davor oder danach. Sind sie mit dem nächsten Buchstaben verbunden oder stehen sie weit überhöht? Je nach Merkmal lassen sich aus der Position der Oberzeichen Eile, Genauigkeit oder Intelligenz herauslesen.

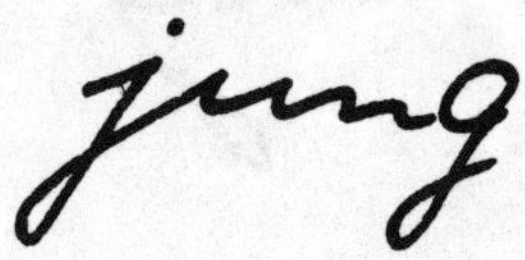

Oberzeichen – direkt über dem Buchstaben

Der Schreiber ist gründlich und genau. Er legt Wert auf tadellose Manieren und Kleidung. Seine Haltung ist beherrscht, und er neigt zu Konservatismus und Konvention. Ordnungsliebe und Organisationstalent kennzeichnen ihn.

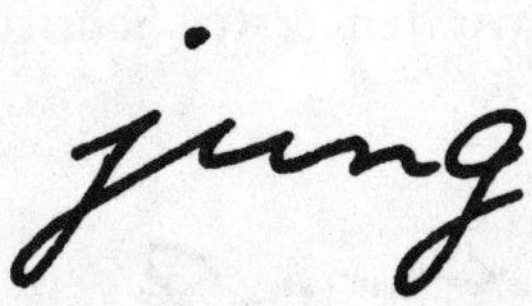

Oberzeichen – ausgeprägt

Diese Menschen lassen sich nicht unter Druck setzen. Sie bleiben ihrem Rhythmus treu. Mit Gestaltungswillen und Gewissenhaftigkeit widmen sie sich ihren Aufgaben.

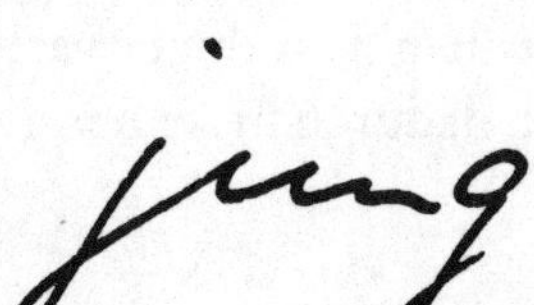

Oberzeichen – auffallend hoch gesetzt

Dieser Schreiber legt seine Ziele hoch an, er treibt sich ehrgeizig zu stetiger geistiger Fortentwicklung. Lernbereitschaft und Weltoffenheit zeichnen ihn aus. Sein Höhenflug wird allerdings gebremst, wenn er von zu idealistischen und wirklichkeitsfremden Erwartungen ausgeht.

Oberzeichen – dicht über dem Buchstaben

Der Schreibende geht keine Experimente ein. Er ist in allem sehr präzise und legt Wert auf Pünktlichkeit und Korrektheit. Vielleicht ist er zuweilen pedantisch, dafür zeichnen ihn aber hohe Verläßlichkeit und seine realistische Einstellung aus.

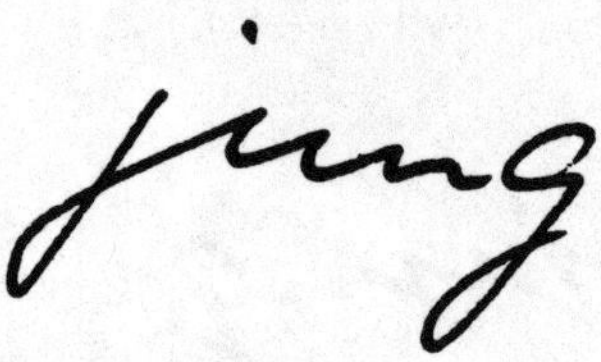

Oberzeichen – nach rechts verschoben

Im eiligen Schreibfluß werden die Oberzeichen nach rechts »verweht«. Dies zeugt von Fleiß, Willenskraft und Zielstrebigkeit des Schreibenden. Wenn die Oberzeichen erst mehrere Buchstaben weiter gesetzt werden, handelt es sich um eine Nachlässigkeit aus der Flüchtigkeit heraus. Übereiltheit und vorschnelle Entschlüsse gehören in diesem Fall zum Persönlichkeitsbild. Es besteht die Tendenz, den zweiten vor dem ersten Schritt zu tun.

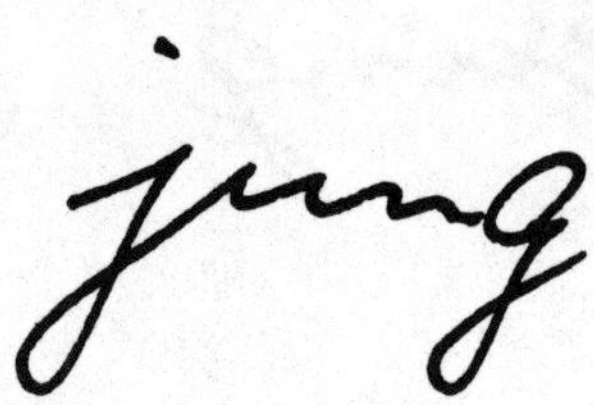

Oberzeichen – nach links versetzt

Der Schreiber orientiert sich zu sehr an der Vergangenheit statt an der Zukunft. Er hat sogar Angst vor dem, was ihn erwartet. Daher prüft er alle Unwägbarkeiten und bremst sich dadurch in seinem Fortkommen.

Oberzeichen – mit nachfolgendem Buchstaben verbunden

Intelligenz und Kombinationsfähigkeit kennzeichnen diese Persönlichkeit genauso wie Ideenreichtum und lebhaftes, geistiges Interesse.

Oberzeichen – durch Endstrich des nachfolgenden Buchstabens eingefangen

Hier revidiert der Schreiber seine Meinung. Die nötige Linksläufigkeit, mit der das Oberzeichen »eingefangen« wird, weist auf einen latenten Konservatismus im Denken.

Oberzeichen – als kleiner Kreis

Der Schreiber schafft sich im Bereich der geistigen Interessen (Oberzone) eine »Insel«: Es handelt sich um Vorlieben, Neigungen und spezielle Begabungen. Meist wird der Kreis nach links geschrieben, das heißt, es handelt sich auch hier um Linksläufigkeit. Deshalb ist auch zu beachten, welche Beziehung zu Kindheit, Elternhaus oder bestimmten Ereignissen besteht. Hier könnten Probleme wie der Verlust eines Menschen, sehnsuchtsvolle Erinnerungen oder ein Mangel an Geborgenheit eine Rolle spielen.

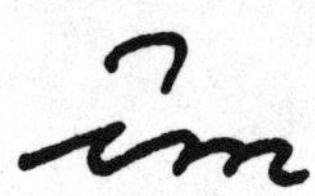

Oberzeichen – arkadenförmig

Der Schreibende zieht sich in seine Gedankenwelt zurück. Je nach Ausformung der Arkade wird dies auch als besondere Kreativität auf einem Spezialgebiet gedeutet.

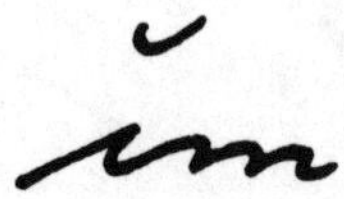

Oberzeichen – girlandenförmig

Toleranz, reges geistiges Interesse und Aufgeschlossenheit sind die Charaktermerkmale dieses Schreibers. Wer Oberzeichen girlandenförmig setzt, braucht viel Austausch und Weiterbildung.

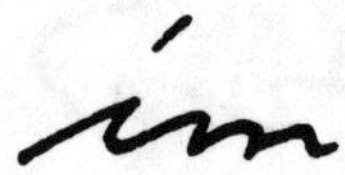

Oberzeichen – kommaförmig

Hier überwiegt eine offensive Denkungsart, übertriebene Skepsis und Querdenkertum. Manchmal sind auch autoaggressive Züge bei diesen Schrifteignern festzustellen.

Oberzeichen – fehlend

Einerseits ist dies ein Zeichen für Großzügigkeit: Der Schreiber hält sich nicht bei Kleinigkeiten auf, alles Pedantische ist ihm fremd. Andererseits bedeutet das Fehlen des Oberzeichens aber auch Vergeßlichkeit. Vieles ist ihm gleichgültig, deshalb geht er darüber hinweg. Ihm fehlt es folglich an Verantwortungsgefühl und Verläßlichkeit.

Häkchen

Sie finden sich sowohl am Anfang als auch am Ende eines jeden Buchstabens und verteilen sich über alle drei Zonen. Manchmal sind Häkchen nur durch die Lupe zu erkennen.

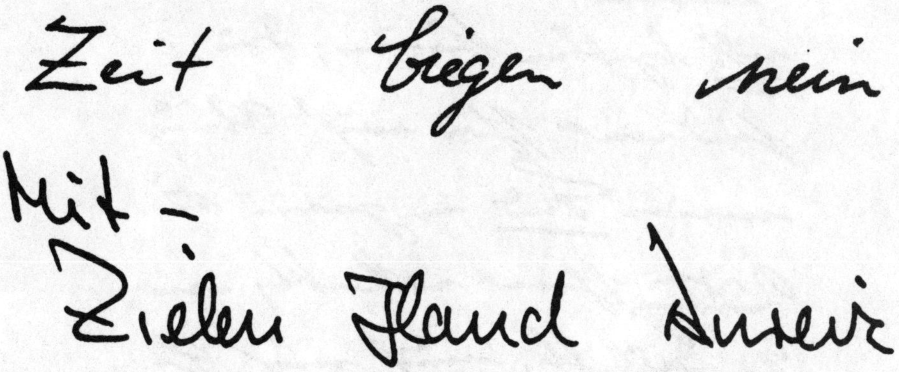

Die Häkchen sind eigentlich Miniwinkel. Das Sich-Verhaken, je nach Zone, zeigt für dieses Gebiet den besonders starken Eigenwillen. Überbetonter Egoismus und Vereinnahmung werden mit diesem Merkmal verbunden.

Unterstreichung

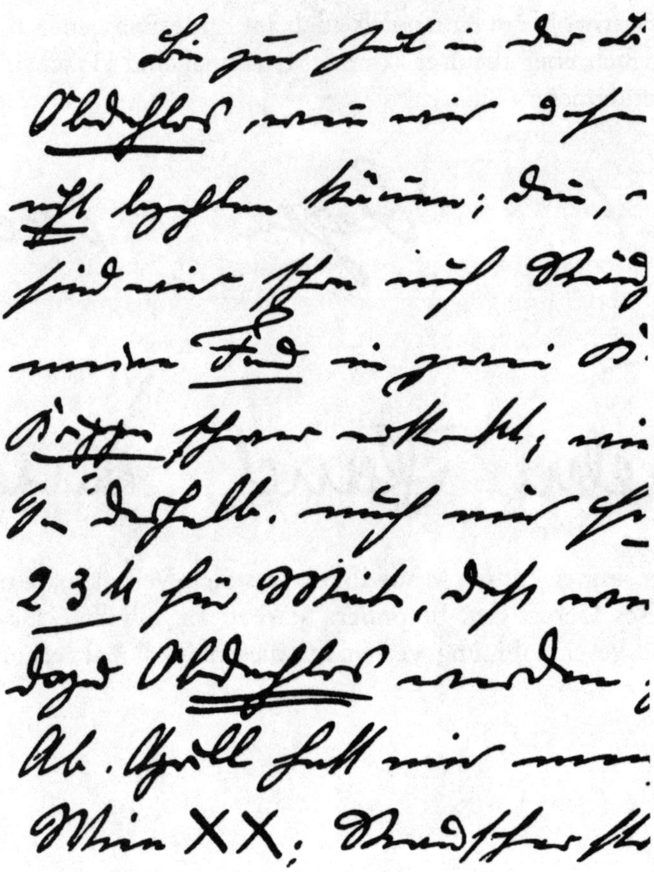

Wenn man etwas unterstreicht, möchte man es hervorheben. Das Wichtigste soll sofort sichtbar werden. Eine Unterstreichung bei der Unterschrift läßt auf ein gesteigertes Geltungsbedürfnis des Schreibers schließen. Unterstreichungen im Text verweisen auf eine Persönlichkeit, die Wert auf Methodik und Systematik legt. Ordnungsprinzipien regeln das Leben. Durch Unterstreichungen lenkt der Schreiber die Blickführung des Lesenden. Deshalb offenbart sich in diesem Merkmal auch Willensstärke, Suggestivkraft und ein autoritärer Anspruch.

Lesbarkeit

Eilig geschriebene Notizen sind meist nur vom Schreiber selbst zu lesen. Ein anderer kann mit dem »Gekritzel« nichts anfangen. Es ist ja auch nicht für ihn bestimmt, sondern dient nur der eigenen Orientierung. Demnach gilt, daß ein unlesbarer, handschriftlicher Text, der an einen Leser gerichtet ist, diesen ignoriert, mißachtet oder nicht ernst nimmt. Einem anderen eine Information zukommen zu lassen, die er nicht verstehen kann, ist rücksichtslos.

Wenn sich ein Schreiber bemüht, besonders deutlich zu schreiben, zeigt dies, wie wichtig ihm der Empfänger ist. Man schreibt schön, um einen guten Eindruck zu machen und vom Adressaten akzeptiert zu werden. So wird auch hier Haltung und Einstellung des Schreibenden zum Empfänger der Mitteilung deutlich.

Unterschrift

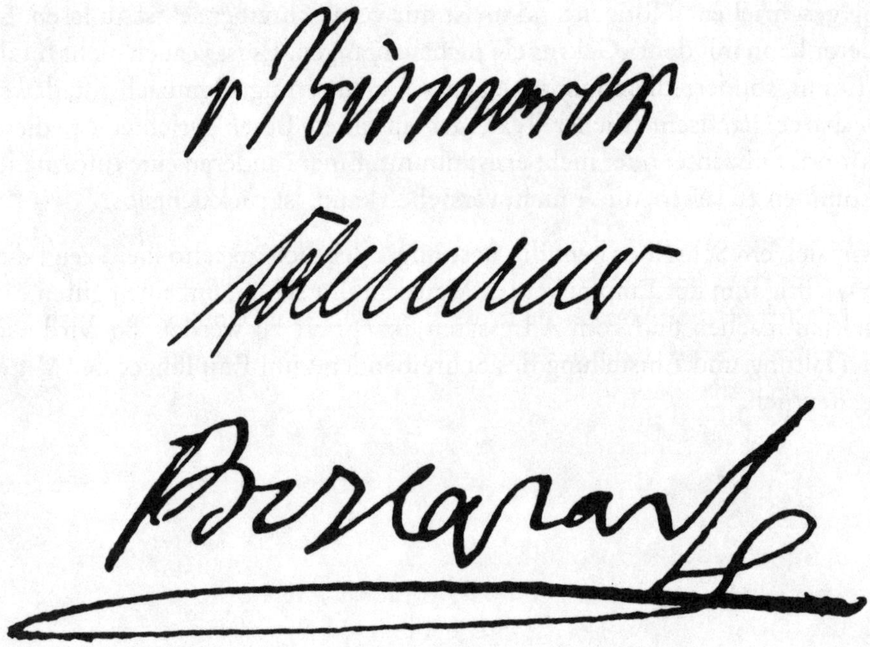

Die Unterschrift ist die selbstgeschriebene Visitenkarte. Sie macht den Schreibenden nach außen hin sichtbar. Andere prüfen an Hand der Unterschrift die Identität der Person. Die Unterschrift ist vergleichbar mit einem Fingerabdruck; mit ihr wird unsere Identität geprüft. Durch sie übernehmen wir Verantwortung (Verträge), bekennen uns zu einer Situation (Formulare, Behördengänge, Protokolle), verschaffen uns Gegenleistungen (Schecks, Kreditkarten) oder bestätigen, daß das Geschriebene auch wirklich von uns persönlich stammt.

Eine Unterschrift ist nahezu unverwechselbar, obwohl es immer wieder zu Fälschungen kommt (Urkundenfälschung). Bei genauer Prüfung kann der Schriftexperte eine falsche von einer echten Unterschrift unterscheiden. Im täglichen Leben kann es bei schnellem Hinsehen allerdings leicht zu Täuschungen – vor allem bei einfachem Duktus (Linienführung der Schrift) des Namenszuges – kommen.

Der fließende Text sieht oft ganz anders aus als die Unterschrift. Sie ist in der Regel dynamischer, schneller und profilierter. Die Unterschrift zeigt, wie der Schreibende von seiner Umwelt eingeschätzt wird beziehungsweise wie er sich darstellen möchte. Der fortlaufende Text zeigt dagegen, wie der Charakter des Schreibers angelegt ist.

Wenn sich Text und Unterschrift stark unterscheiden, signalisiert die Unterschrift Charaktermerkmale, die in der Persönlichkeit eigentlich nicht angelegt sein können. Entweder sind sie gespielt oder, bedingt durch Zwänge von außen, ins Erscheinungsbild übernommen.

Eine unleserliche Unterschrift in Verbindung mit einem leserlichen Text zeigt eine Persönlichkeit, die meint, sich in der Öffentlichkeit bedeckt halten zu müssen. Die Unterschrift symbolisiert dann die Person, die in ihrer Tätigkeit eine bestimmte Rolle zu erfüllen hat, die nicht ihren inneren Anlagen entspricht. Haltung und Auftreten in der Öffentlichkeit stehen im Gegensatz zu der dem eigentlichen Wesen entsprechenden Lebensform.

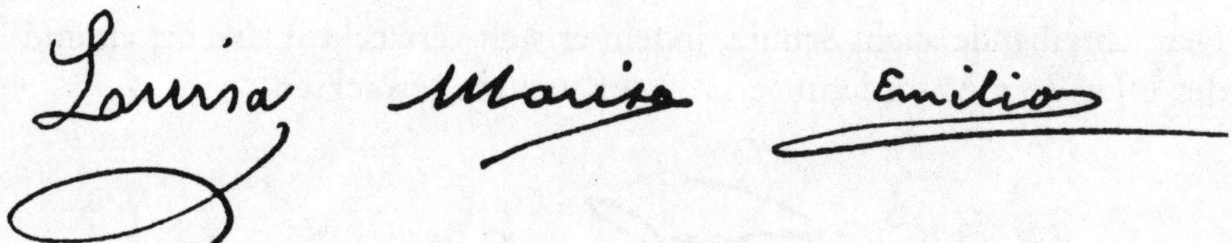

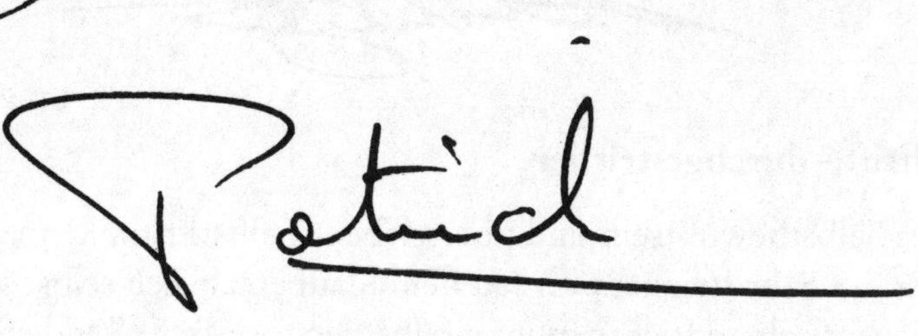

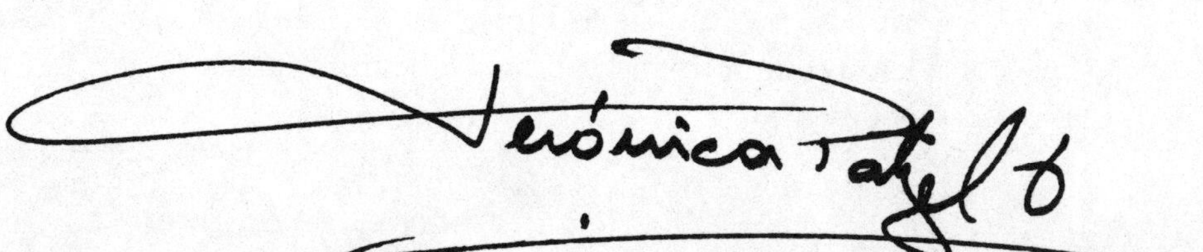

Unterschrift – unterstrichen

Der Unterzeichnende betont seine Wichtigkeit, er zeigt ein gesteigertes Selbstwertgefühl.

Unterschrift – zwischen zwei Strichen

Hier liegen Unsicherheit und ein Mangel an Selbstvertrauen vor.

Unterschrift – eingekreist

Der Schreibende sucht Schutz, indem er sich versteckt. Er wehrt ab und ist den offensiven Anforderungen von außen nicht gewachsen.

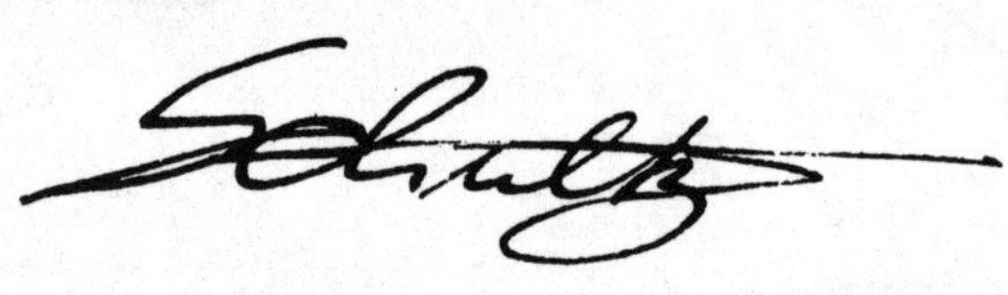

Unterschrift – durchgestrichen

Fehlendes Selbstbewußtsein und übertriebene Selbstkritik kennzeichnen den Charakter des Schrifteigners. Er hat den Glauben an sich selbst verloren und zeigt in neurotischer Hochspannung selbstzerstörerische Tendenzen.

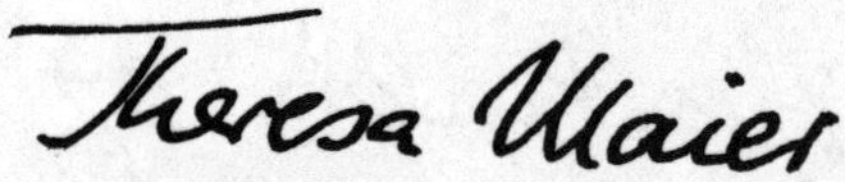

Unterschrift – einfach und deutlich

Hier handelt es sich um eine aufrichtige Persönlichkeit, die natürlich und zuverlässig ist.

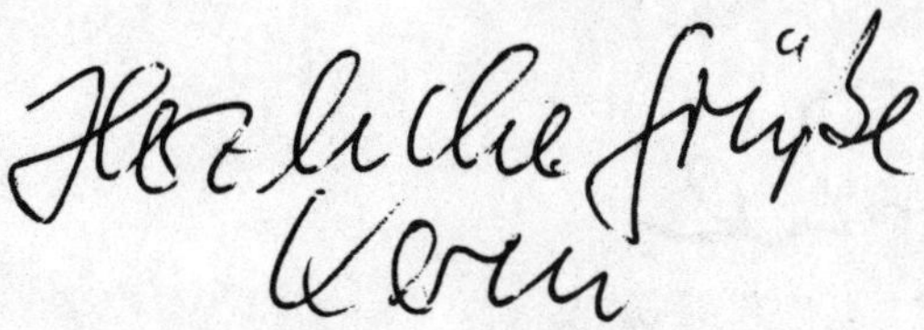

Unterschrift – textgleich

Diese Persönlichkeit zeigt sich unverstellt und echt. Sie besitzt genügend Selbstwertgefühl, um sich so zu geben, wie sie ist.

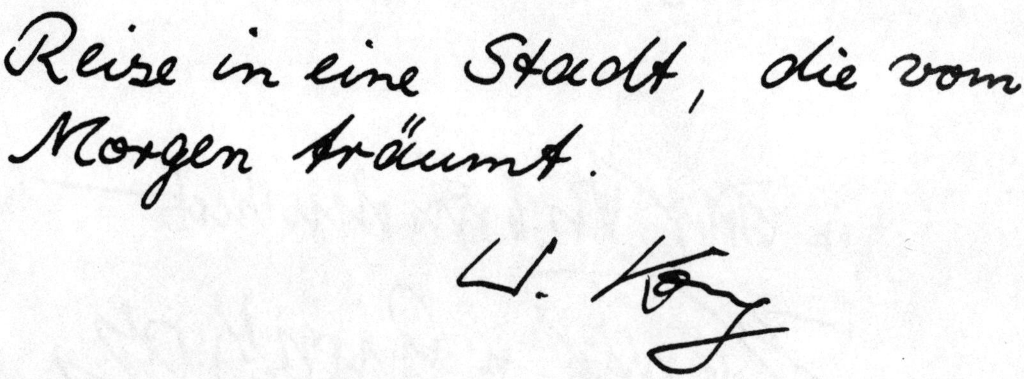

Unterschrift – textverschieden

Dieser Mensch »tarnt« sich in der Öffentlichkeit.

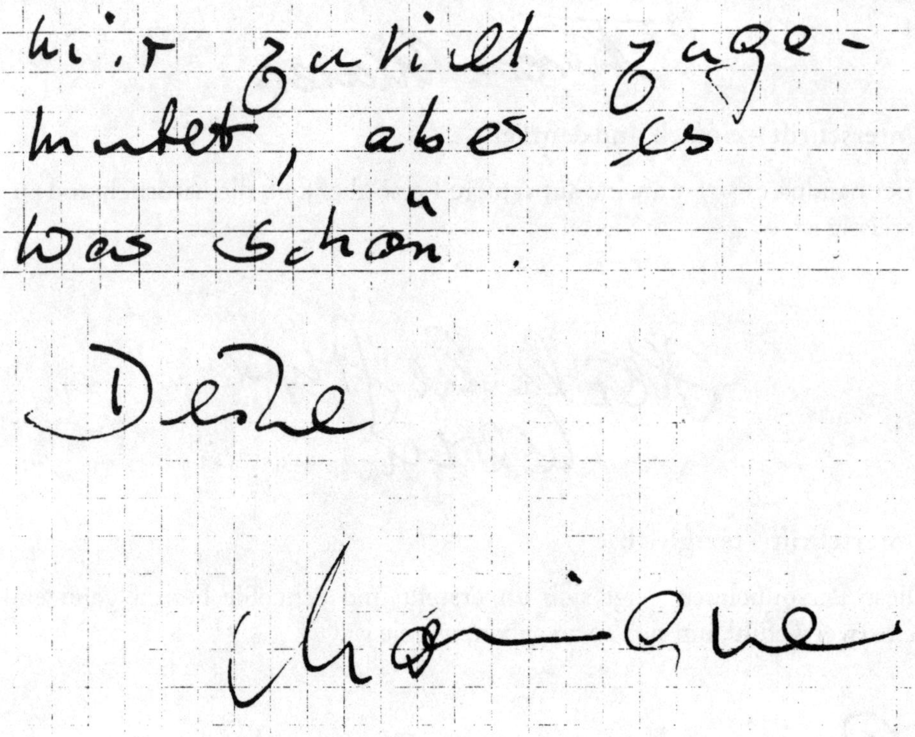

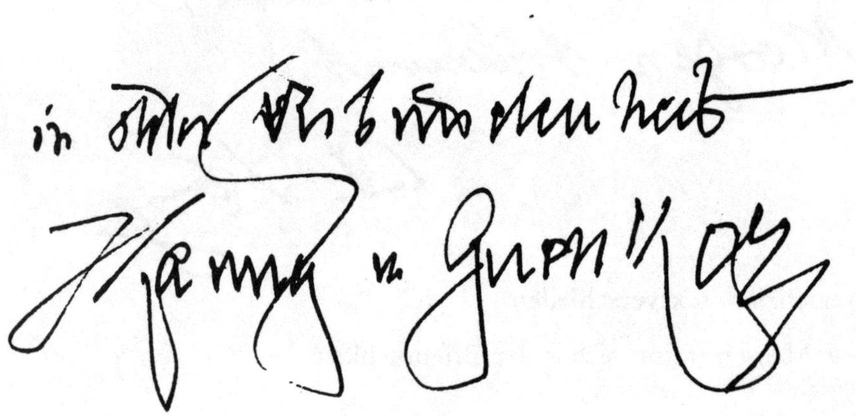

Unterschrift – größer als Text

Der Schreiber hat ein starkes Geltungsbedürfnis und überschätzt sich selbst.

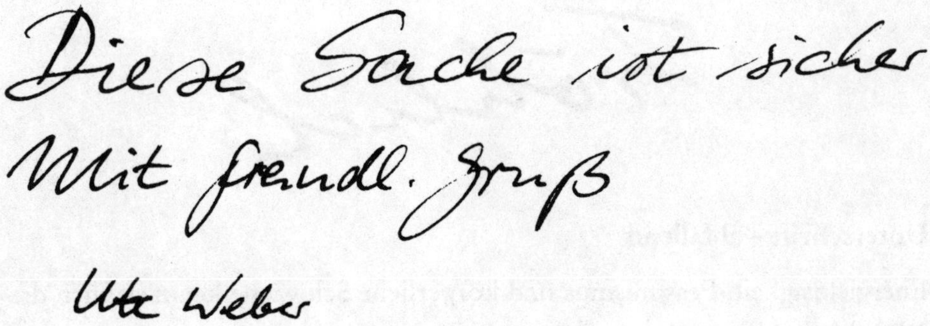

Unterschrift – kleiner als Text

Dies läßt auf einen Minderwertigkeitskomplex schließen.

Unterschrift – ansteigend

Hier liegen Ehrgeiz und eine optimistische Zielorientiertheit vor.

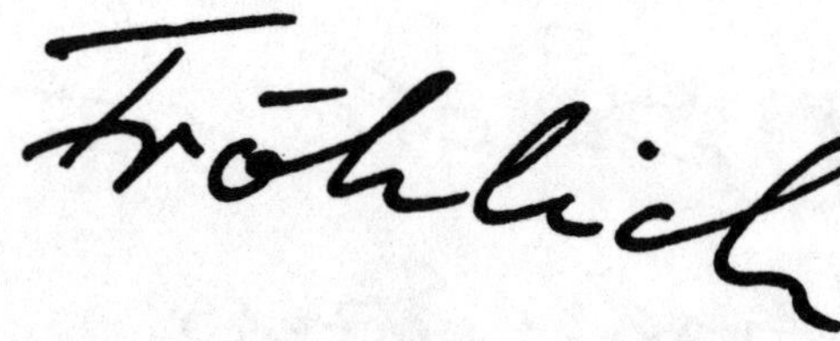

Unterschrift – abfallend

Energielosigkeit, Pessimismus und körperliche Schwäche kennzeichnen diesen Schreiber.

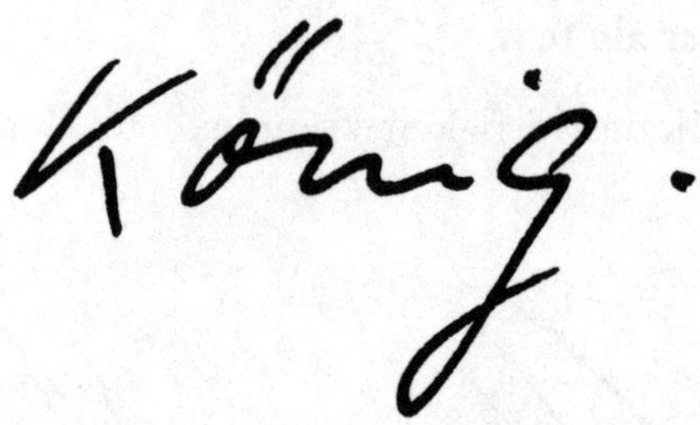

Unterschrift – mit Punkt

Der Unterzeichnende hat ein starkes Selbstbewußtsein. Ich – wer sonst!

Unterschrift – regelmäßig mit Vor- und Zuname

Der Schreiber sucht den menschlichen Kontakt und signalisiert dem Empfänger seines Schreibens Sympathie und Wohlwollen.

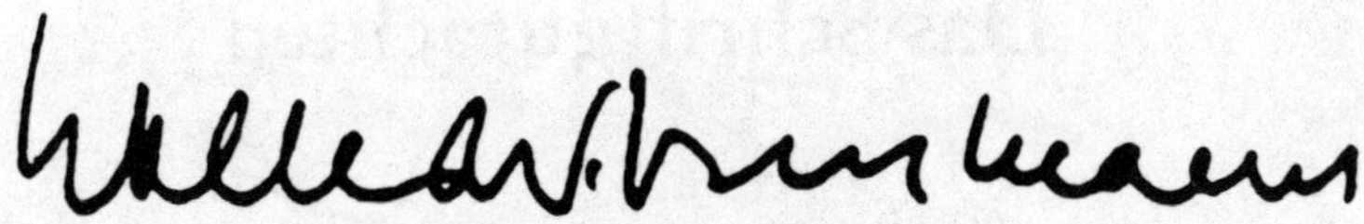

Unterschrift – Vor- und Zuname zusammengeschrieben

Privates und Öffentliches sind harmonisch miteinander verbunden. Der Unterschreibende bringt sich persönlich bei seiner beruflichen Tätigkeit ein und steht mit allen Mitteln voll hinter seinen Aufgaben.

Unterschrift – mit Einrollungen

Dies zeigt Egozentrik, Verschlossenheit und Materialismus.

Sonderformen

Werden bei der Unterschrift **Vor- und Zuname unterschiedlich groß** geschrieben, so ist dem Schreiber der größer geschriebene Teil wichtiger:
Vorname – privater Bereich
Zuname – öffentlicher Bereich, Beruf, Status

Legt der Unterschreibende Wert auf seinen **Titel in der Unterschrift**, signalisiert er sein Geltungsbedürfnis. Selbstbestätigung, elitäre Selbsteinschätzung gegenüber anderen und der Wunsch nach Anerkennung definieren sich daraus.

Fehlt der Titel in der Unterschrift, so ist dies ein Kriterium für Bescheidenheit und bewußte Anpassungsbereitschaft. Verständnis und Fairneß sind weitere Merkmale im Persönlichkeitsbild.

Das Schriftgutachten

Zuerst müssen aus der Schriftvorlage alle aussagestarken Kriterien zusammengetragen werden, bevor Aussagen möglich sind. Das nachfolgende *Musterformular* umfaßt die wichtigsten Merkmale.

Analyse
Graphologische Einzelmerkmale

Name ______________________________ männlich/weiblich

Alter/Geburtstag ______________________________

Beruf ______________________________

Bewerbung für ______________________________

	3	2	1	0	1	2	3	
Raumbild								
Linksrand								Rechtsrand
Zeile steigt								Zeile fällt
Zeilenabstand weit								Zeilenabstand eng
Wortabstand weit								Wortabstand eng
Schriftlage								
linksschräg								rechtsschräg
steil								
Schriftgröße								
große Buchstaben								kleine Buchstaben
weite Buchstaben								enge Buchstaben
Buchstaben und Raum								
Unterzone betont								Unterzone kurz
Mittelzone groß								Mittelzone klein
Oberzone betont								Oberzone kurz
große Längenunterschiede								kleine Längenunterschiede
Anfangsbetonung								Endbetonung
Linksläufigkeit								Rechtsläufigkeit
unverbundene Buchstaben								verbundene Buchstaben

	3	2	1	0	1	2	3	
Ausformung der Buchstaben								
Arkaden								Girlanden
Winkel								Faden
Schärfe								teigige Schrift
Druckstärke								Druckschwäche
Oberzeichen nach vorne versetzt								Oberzeichen nach hinten versetzt
Oberzeichen hoch								Oberzeichen niedrig
Oberzeichen ausgeformt								Oberzeichen fehlen
Stützstriche								Protektionsstriche
Häkchen								Unterstreichungen
stilisierte Buchstaben								bereicherte Buchstaben
voll								mager
große Anfangsbuchstaben								kleine Anfangsbuchstaben
Rhythmus								
schnell								langsam
regelmäßig								unregelmäßig
Unterschrift								
lesbar								unlesbar
unterstrichen								eingerollt
mit Punkt								durchgestrichen
ansteigend								abfallend
größer als Text								kleiner als Text
identisch mit Text								unterschieden vom Text

Besonderheiten ....

....

....

Die Klassifizierung von 1 bis 3 zeigt an, wie stark oder abgemildert die Auffälligkeit eines Merkmals ist. Bei 3 ist die Betonung am größten, bei 1 ist das Merkmal nur leicht betont. In die Rubrik 0 gehört ein Kreuz, wenn sich keine klare Gewichtung des Merkmals feststellen läßt oder es gänzlich fehlt.

Wichtig sind auch die biographischen Daten, weil Alter, Geschlecht und berufliche Tätigkeit unerläßliche Informationen geben für eine verantwortungsvolle und ausgewogene Begutachtung. Bei Bewerbungen ist noch zu ergänzen, für welche Tätigkeit die Schreiberin oder der Schreiber vorgesehen ist. Das Schriftgutachten kann nur dann die *Eignung* und die für die Position erforderlichen *Qualifikationen* herausarbeiten.

Wenn alle Angaben vorliegen, können die Einzelmerkmale unter dem jeweiligen Stichwort im Buch nachgeschlagen und die Einzelaussagen für die Begutachtung zusammengefügt werden.

Das Graphologische Kreuz

z.B. **Oberlängen**

Ehrgeiz
Wissensdurst
Lernbereitschaft
Aufgeschlossenheit
Kunstsinn
Zuversicht
Optimismus
geistige Regsamkeit

Intellektualität
Idealismus
Begeisterungsfähigkeit
Ideenfülle
Kreativität
Originalität
abstraktes Denken
theoretisches Denken

Geist

Ich-Betonung
Individualität
Konservatismus
Konventionalität
Traditionsbewußtsein
Familiensinn
vergangenheitsbezogen
mutter- und kindheitsverhaftet
Fixierungen
festhaltende Mentalität

Kontaktbereitschaft
zukunftsorientiert
Fortschrittlichkeit
Modernität
Aktivität
Dynamik
innovatives Bestreben
Großmut
Großzügigkeit
Freigebigkeit
Groß sehen und vorwärts denken

z.B. **linksschräg**
linksläufig
Unverbundenheit

Ich ← → Du

z.B. **rechtsschräg**
rechtsläufig
Bindungen

verzögertes Verhalten
Zurückhaltung
Verschlossenheit
Verschwiegenheit
Vorsicht
Passivität
Egoismus
Gehemmtheit
Introvertiertheit

das **Weibliche**

Engagement
Strebsamkeit
Fleiß
Hilfsbereitschaft
Fürsorglichkeit
Mitteilsamkeit
kann nicht allein sein
Anpassungsbereitschaft
Verbindlichkeit
Extravertiertheit

das **Männliche**

Materie

Materielles hat Priorität
Besitzstreben
Einstellung zu Geld
Realismus
Durchsetzungsvermögen
lebenspraktische Grundhaltung

Körperbewußtsein
Genußfähigkeit
Sexualität
Eitelkeit
Triebhaftigkeit
Emotionalität

z.B. **Unterlängen**

Hartmut Radel *ist ausgebildet in Psychologie, Schriftpsychologie (Graphologie), Astrologie und Philosophie. Er berät in Personalfragen, führt Seminare zu Mitarbeiterschulungen durch und trainiert in Gesprächs- und Verhandlungsführung. In enger Zusammenarbeit mit den Geschäftsleitungen namhafter Unternehmen begutachtet Hartmut Radel Bewerbungen, erstellt Persönlichkeitsprofile und Potentialanalysen.*

Bei Fragen zu Seminaren, Schulungen oder Vorträgen von Hartmut Radel wenden Sie sich bitte an den Verlag.